Research on Omission in Modern Chinese

现代汉语省略研究

殷树林　杨　帅　尹若男　著

中国社会科学出版社

图书在版编目(CIP)数据

现代汉语省略研究 / 殷树林,杨帅,尹若男著. -- 北京:中国社会科学出版社,2025.5. -- ISBN 978-7-5227-5115-3

Ⅰ. H146.3

中国国家版本馆 CIP 数据核字第 202581NL59 号

出 版 人	季为民
责任编辑	郭如玥
责任校对	夏慧萍
责任印制	郝美娜

出　　版	中国社会科学出版社
社　　址	北京鼓楼西大街甲 158 号
邮　　编	100720
网　　址	http://www.csspw.cn
发 行 部	010-84083685
门 市 部	010-84029450
经　　销	新华书店及其他书店
印刷装订	北京君升印刷有限公司
版　　次	2025 年 5 月第 1 版
印　　次	2025 年 5 月第 1 次印刷
开　　本	710×1000　1/16
印　　张	14.25
插　　页	2
字　　数	241 千字
定　　价	88.00 元

凡购买中国社会科学出版社图书,如有质量问题请与本社营销中心联系调换
电话:010-84083683
版权所有　侵权必究

前　言

2019年是赵元任著、吕叔湘译《汉语口语语法》出版40周年。正是这部著作，让赵元任先生的零句说广为人知，产生了重要的影响。因此，我们就以"现代汉语零句研究"为题申报了黑龙江省社会科学规划项目，作为对《汉语口语语法》出版的纪念。项目获批立项后，我们即着手开展工作。在项目推进过程中发现零句与省略有诸多纠葛，为了更清晰地认识零句，我们在省略方面投入了一些精力，于是就形成了这本书的书稿。

全书共有十章。第一章从历时角度对汉语省略研究发展概况进行了梳理。第二章至第六章对省略所涉及的理论问题进行了探讨，包括省略的性质、省略的判定标准、省略的范围、省略的类型、省略的动因和语用价值。第七章就附加成分省略问题、宾语省略问题、比较句省略问题等六个汉语省略研究中出现的有争议的问题谈了我们的看法。第八章至第十章则区别语体，分别对现代汉语书面规定语体、现代汉语口头应答句和现代汉语讲述式口语中的省略情况进行了考察。

在汉语学界，谈到省略，引用最多的是吕叔湘的观点。吕叔湘（1979）说："关于省略，从前有些语法学家喜欢从逻辑命题出发讲句子结构，不免滥用'省略'说，引起别的语法学家的反感，走向另外一个极端，说是只要说出来的话能让人懂，其中就没有任何省略。要是平心静气来考虑，应该说是有省略，但是有条件：第一，如果一句话离开上下文或说话的环境意思就不清楚，必须添补一定的词语意思才清楚；第二，经过添补的话是实际上可以有的，并且添补的词语只有一种可能。这样才能说是省略了这个词语……'隐含'这个概念很有用，'隐含'不同于'省略'，必须可以添补才能叫做省略。"吕先生对滥用省略和否定省略两个极端进行否定，明确肯定了省略的地位，并指出省略是有条件限制的，省略与隐含是不同的。今天看，这些认识毫无疑问是正确的，是有重要意义的。

不过，吕先生提出的省略的两个限制条件似乎也不能很好地将省略与隐含区别开来。所以，在对隐含进行了经典的说明之后，吕叔湘（1986）后来又指出："什么叫省略？严格意义的省略应该只用来指可以补出来并且只有一种补法的词语，否则不能叫做省略，只能叫作隐含。可是这二者有时候也难分清。这里姑且换一种说法，意思里有，话语里就出现，意思里没有，话语里就不出现，这是正常的情况。意思里有而话语里不出现，这就是'省略'。"如果用"意思里有而话语里不出现"来界定省略，那么隐含也应归入这广义的省略。

吕先生态度的变化是汉语中省略与隐含剪不断理还乱的复杂关系的反映。而要探讨省略，这个问题又回避不了，因为这涉及对省略的性质、省略的判定标准、省略的范围等的认识。我们在探讨了虚指名词性成分空位是否隐含、谓词空位是否隐含、关联词语空位是否隐含3个具体问题之后，参考张国宪（1993b）、施关淦（1994）、范晓（1998）、范开泰和张亚军（2000）、徐思益（2000）、苗杰和张学成（2004）等前辈时贤的相关研究，提出二者有如下区别：

1. 达意功能不同，二者有明显差异。绝大多数隐含句都具有达意功能，只有极少数例外，而大多数省略句都不具有达意功能，少数有达意功能。

2. 可还原性不同。省略的成分是确定的，必须可以还原，还原前后语义具有一致性。隐含的成分大多也是确定的，但这些成分或者不具有可还原性，或不具有还原的必要性，另有少数隐含的成分是不确定的，自然也就不具有可还原性。

3. 语境敏感性不同。除依据句法规则确定的省略外，大多数省略句的生成和理解都离不开前言后语、情景等语境因素，对语境敏感，句义因语境不同而不同。而除语境指向句外，绝大多数隐含句的生成和理解不需要语境因素的参与，对语境不敏感，一般而言不会因语境的不同而不同。

4. 根本性质不同。因为省略的动因是为了经济、简洁、强调，省略对语境敏感，因而省略当是语用平面的问题。因为隐含对语境不敏感，有意义而无形式，因而当是语义平面的问题。

5. 对句法分析的影响不同。省略对句法分析有影响，在对省略句进行句法分析时，应将省略句还原为完整句再进行分析，正因为如此，"吃过饭了"是省略主语的主谓句，不是非主谓句。而除了习用化形成的隐含外，绝大多数隐含对句法分析没有影响，应对隐含句直接进行句法分析，正因为如此，"今天星期一"是名词谓语句，而不必说是省略了谓语动词的主谓宾句。

  当然，上述认识是否准确，是否有助于厘清省略与隐含的关系，还有待进一步观察。我们这里提及省略与隐含，意在说明在某种程度上汉语中的省略问题也是个老大难问题。我们只是进行了初步的总结。总结得对不对，敬请方家批评指正。

  本书是与博士生杨帅、尹若男共同完成的。与杨帅博士合作完成第一章、第九章和第十章，与尹若男博士合作完成第八章。书中舛误不当之处，概由本人负责。

  感谢中国社会科学出版社郭如玥女士对本书出版的支持。

殷树林

2024 年 12 月 7 日

目　　录

第一章　汉语省略研究发展概况……………………………………（1）
　一　漫长孕育阶段（先秦至19世纪末）…………………………（1）
　二　艰难奠基阶段（1898—1979年）……………………………（4）
　三　深入发展阶段（1980年至今）………………………………（8）
第二章　省略的性质……………………………………………………（12）
　一　传统语法对省略性质的认识…………………………………（12）
　二　国外生成语言学者对省略性质的认识………………………（19）
　三　关于隐含………………………………………………………（25）
第三章　省略的判定标准………………………………………………（59）
　一　已有观点评析…………………………………………………（59）
　二　我们的认识……………………………………………………（66）
第四章　省略的范围……………………………………………………（74）
　一　省略与空语类…………………………………………………（75）
　二　省略与缩略……………………………………………………（77）
　三　省略与同形合并………………………………………………（79）
　四　省略与半截话…………………………………………………（80）
　五　省略与会话含义………………………………………………（82）
第五章　省略的类型……………………………………………………（84）
　一　已有观点评析…………………………………………………（84）
　二　我们的认识……………………………………………………（87）
第六章　省略的动因和语用价值………………………………………（94）
　一　省略的动因……………………………………………………（94）
　二　省略的语用价值………………………………………………（97）
第七章　现代汉语省略研究中有争议的几个具体问题………………（109）
　一　关于附加成分省略问题………………………………………（109）

二　关于宾语省略问题……………………………………（115）
　三　关于比较句省略问题………………………………（120）
　四　关于"的"字结构省略问题…………………………（125）
　五　关于量词短语省略问题……………………………（128）
　六　关于虚词省略问题…………………………………（131）

第八章　现代汉语书面规定语体中省略情况考察
　　　　——以《中华人民共和国民法典》为例…………（137）
　一　《民法典》省略的类型………………………………（137）
　二　《民法典》省略的特点………………………………（148）
　三　影响《民法典》省略的因素…………………………（154）

第九章　现代汉语口头应答句中省略情况考察…………（157）
　一　询问句的应答句中省略现象考察…………………（157）
　二　反问句的应答句中省略现象考察…………………（168）

第十章　现代汉语讲述式口语中省略情况考察…………（173）
　一　讲述式口语省略的类型……………………………（173）
　二　讲述式口语省略的特点……………………………（191）

参考文献……………………………………………………（198）

附录　非主谓句名称的由来、范围和理论地位…………（209）
　一　非主谓句名称的由来………………………………（209）
　二　非主谓句的范围……………………………………（213）
　三　非主谓句的理论地位………………………………（217）

第一章　汉语省略研究发展概况

作为一种语言现象，省略的出现时间很早，殷墟甲骨刻辞记载："乙未，酚㲋品上甲十，报乙三，报丙三，报丁三，示壬三，示癸三，大乙十，大丁十，大甲十，大庚十，小甲三，㝡三，且乙十。"① "酚"和"㲋"各指一种祭祀仪礼，"品"指祭祀物品，"上甲"及其后的"报乙""报丙""报丁""示壬""示癸""大乙""大丁""大甲""大庚""小甲""㝡""且乙"都是殷商先王之名。从整体看，整个句子是没有主语的双宾句，"酚㲋"是并列动词做谓语，"品"和数词的组合构成直接宾语，各位作为祭祀对象的殷商先王是间接宾语（直接宾语被间接宾语隔开）。"酚㲋品上甲十"之后的各个小句，皆承前省略了谓语和直接宾语中心语。可见，有文字记载之初语言中已然存在省略现象。虽然有文字记载之前的语言使用情况已不可考，但理论上推测，省略的历史或许同语言的历史一样古老。

一　漫长孕育阶段（先秦至 19 世纪末）

相较于省略现象的出现时间，对省略现象的研究或者说关注则要迟很多，这主要可以归结为两方面的原因：其一，古代语言方面的研究任务主要是由小学家或经学家承担，小学是经学的附庸，为疏解经义服务，而"经名昉自孔子，经学传于孔门"，② 经学最早不过孔子时代，因此对省略现象的研究起步时间不会太早；其二，省略表现为一种句法现象，而先秦小学多关注字词的训释和经义的训解，较少涉及句法现象的探究。而且这一时期文人士大夫阶层的文化活动核心是政治和社会梦想，经义的解释也

---

① 转引自刘翔、陈抗、陈初生、董琨编著，1989，《商周古文字读本》，语文出版社，第7页。

② （清）皮锡瑞，1996，《经学历史》（民国丛书·第五编），上海书店出版社，第13页。

以附会政治理念为常。譬如,《春秋·桓公七年》记载:"夏,谷伯绥来朝。邓侯吾离来朝。"而《春秋·隐公十一年》记载:"十有一年,春,滕侯、薛侯来朝。"同样是记载两人来朝,桓公七年不避烦琐分开叙述,而隐公十一年却共用一个谓语。《谷梁传》传曰:"牲言同时也,累数皆至也。"《公羊传》传曰:"其兼言之何?国微也。"其实若以桓公七年的记载作为完整句式的参照,隐公十一年的记载便涉及谓语的省略问题,只是受时代环境所限,传者并没有明确提出省略的概念,而是以"累数"或"兼言"之名引申到对春秋笔法的阐释。

汉代立国之后,经历秦"焚书坑儒"的文化浩劫,文化思想传承出现了一定程度的断层,经籍遗失散落,"古文经"和"今文经"两派的论争促进了经学发展,加上汉代统治阶级亟须附会引申先贤经典作为自身统治的思想基础,因此,特定的历史条件助推汉时经学的昌明,同时也带动了训诂学的兴起和发展,经学家们对疏解经义时遇到的省略现象也开始加以关注和阐述。东汉初经学家何休在给《公羊传》作注时提到"省文"的概念。"冬,楚子、蔡侯、陈侯、许男、顿子、沈子、徐人、越人伐吴。"(《公羊传·昭公五年》)何休注曰:"义兵不月者,进越为义兵明,故省文。"何休将此处与昭公四年的写法做了对比,认为"义兵"应当"书月",而此处也是"义兵"却"不月",是因为以"越人"相称①已经显示是义兵,此处从省就不再"书月"。与何休同一时期的经学家郑玄在给《礼记·中庸》作注时也提到了省文的概念。"郊社之礼,所以事上帝也;宗庙之礼,所以祀乎其先也。"(《礼记·中庸》)郑玄注曰:"社,祭地神,不言后土者,省文。"无论何休还是郑玄,他们所说的省文在"省而不言"这一点上和省略相近,但并不完全等同。《公羊传·昭公五年》例中所说之处"不月"是为了避免重复而做的删减;②《礼记·中庸》例中所指之处之所以不说"后土",很大程度上是用上帝泛指神明,借部分指代所要表达的整体。③ 因此,何休和郑玄所说的省文是指文章写作角度的避免冗赘和节省文辞,并非指语言分析角度的省略现象。这一点我们还可以在郑玄注《周礼》时得到进一步印证:"以阴礼教

---

① 没有用像昭公四年中"淮夷"那样的称谓。
② 此处注者何休对于是否"书月"的关注很大程度上是一种牵强附会。
③ (明)尤时熙《拟学小记》中说:"冬至祀天,祀生物之天也;夏至祀地,祀成物之天也,故曰:'郊社之礼,所以祀上帝也。'"说的正是这个意思。

六宫，以阴礼教九嫔。"（《周礼·卷第七》内宰）郑玄注曰："教以妇人之礼。不言教夫人、世妇者，举中，省文。"郑玄认为，阴礼为教妇人之礼，"后一人，夫人三人，嫔九人，世妇二十七人，女御八十一人"，其中只提到了后、嫔、女御，[①] 而没提夫人和世妇，是从中列举个别指代整体，以节省文辞。

何休、郑玄之后，古代很多学者也都用过省文的概念，但多数都是从作文笔法的角度而言的，基本不涉及语言分析角度的结构成分的省略问题。例如，唐代史学家刘知几在《史通》中说："且《史》《汉》每于列传首书人名字，至传内有呼字处，则于传首不详。如《汉书·李陵传》称陇西任立政，'陵字立政曰："少公，归易耳。"'夫上不言立政之字，而辄言'字立政曰少公'者，此省文，从可知也。"（《史通·卷八》模拟第二十八）《史通》中三处提到"省文"，刘知几所说的省文和何休、郑玄类似。刘知几提倡"文约事丰"的作文风格，推崇"微言大义"的春秋笔法，认为"夫国史之美者，以叙事为工，而叙事之工者，以简要为主"。因此他认为："《春秋》变体，其言贵于省文。"（《史通·卷六》叙事第二十二）故此，他所说的省文也是指节省文辞以达语言精练、笔法简约的文风效果。

南宋学者王楙在《野客丛书》中提到一个"后世务省文"的现象。"《史记·卫青传》曰：'封青子伉为宜春侯，青子不疑为阴安侯，青子登为发干侯。'叠三用'青子'字不以为赘，《汉书》则一用'青子'字而其余则曰'子'而已，曰：'封青子伉为宜春侯，子不疑为阴安侯，子登为发干侯。'视《史记》之文已省两'青'字矣。"（《野客丛书》卷五）王楙提到的《汉书》中承前省"青"字的现象已经属于附加成分省略问题。

清初学者唐彪在《读书作文谱》中提到"省笔"的概念，省笔包括省文和"省句"，"'其他仿此''余可类推'之类，乃省文法也。'舜亦以命禹''河东凶亦然'之类，省句法也。"（《读书作文谱》卷七）由举例可知，唐彪提出的省笔中的省文的概念和前人没有太大差别，而省句的概念内涵与现在所说的语言中的省略现象相近，比如其所举例子中"舜亦以命禹"就涉及介词支配成分的省略问题。

---

① 下文还提到"以妇职之法教九御"。

晚清学者俞樾在《古书疑义举例五种》中共总结归纳出"古人行文不嫌疏略例""语急例""两人之辞而省曰字例""文俱于前而略于后例""蒙上文而省""探下文而省""举此以见彼例"七种省略或与省略有关的现象，而且书中已经使用"省略"这一概念，"乃有行文之体，初无限制，而前所罗陈，后从省略，乃知古人止取意足，辞不必备也"（《古书疑义举例五种》卷二·二十一·文俱于前而略于后例）。此外，文中也常单用"省"或"略"指称省略或省略相关现象。值得关注的是，《古书疑义举例五种》在总结一类省略或省略相关现象时，往往会接着对举一种"繁复"的情况，例如第十五条是"古人行文不嫌疏略例"，第十六条则是"古人行文不避繁复例"；第十七条是"语急例"，第十八条则是"语缓例"。这是基于俞樾对古人文章"省者极省，繁者极繁"的认识，例如他在"语缓例"中举《左传·襄公三十一年》的例子："缮完葺墙以待宾客。"俞樾认为，"缮"语义已很明了，多加"完葺"实在多余。在俞樾那里，省略是和羡余相对的概念，和现在的省略有一定的区别。要而言之，无论从考察的全面性的角度还是从对问题认识的角度，《古书疑义举例五种》算得上是古代省略问题研究的集大成之作。

二 艰难奠基阶段（1898—1979年）

马建忠的《马氏文通》是我国第一部语法学著作，其问世标志着中国语法学的诞生。马建忠在论句读卷之十中集中论述了关于起词、语词、转词存在的省略现象，总结出"议论句读省起词""命戒句省起词""句前有读句无起词""前有句读起词后不重见""无属动字无起词""排句中同一坐动下面可省""比拟句读语词可省""名代顿读为表词不用断辞""记处转词之有介无介"九种省略或与省略相关的情况。"止词"的省略问题并没有放在这一卷之中讨论，而在"实字卷之四"中论说同动字"有""无"等处有所提及。与前人相比，《马氏文通》在省略问题的研究上至少有三个方面的进步。

其一，从句法成分层面划分省略类别，系统性和理论性得到提升；

其二，从语言自身规律角度归纳省略现象，促使省略研究从感性经验总结向理性规律探讨转变；

其三，关注具有特殊性、典型性和代表性的省略现象，例如详细讨论了与无属动字"有""无"以及介字"以"有关的省略现象,有助于省略问题研究的细化和深入。

黎锦熙的《新著国语文法》是我国第一部现代汉语语法学著作,第五章为"主要成分的省略(并短语)",主要论及"对话时的省略""自述时的省略""承前的省略""'的'字之后名词的省略""数量名结构中名词的省略""理论的主语之省略""省略主语的平比句""省略述语的平比句"。黎锦熙(1924)试图构建一个完整的现代汉语语法学框架,在很多方面也的确做了一些有益探索,但由于存在"研究方法上的缺点",[①] 对一些问题的研究事倍功半,研究结论也往往遭人诟病。在省略问题上,黎锦熙的研究主要存在两个问题。

其一,省略的划分标准不一。《新著国语文法》中时而从语体角度划分省略,如"对话时的省略"和"自述时的省略";时而从篇章或语境的角度划分省略,如"承前的省略";时而从所省略之成分的角度划分省略,如"'的'字之后名词的省略"和"数量名结构中名词的省略"等。这些研究省略问题的角度不应放在同一个层面讨论,而且每个角度的探讨并不全面,缺乏统一的划分标准和理论的系统性。

其二,混淆了语法和逻辑。《新著国语文法》认为,像"这棵枫树的叶子都红了"这样的句子,从言语和文学的习惯来看可能很正常,但从文法上来看应该认为"叶子"后省略了"的颜色"。这显然是从语义和逻辑来看语法。黎锦熙"纯从逻辑出发滥用省略说",[②] 判断是不是省略以语义和逻辑的完整性作为标尺,不免将省略泛化,因此才会将"请坐"也看作"(我/我们)请(你/你们)坐"的省略。黎锦熙认为,任何话语都存在一个先验的语义逻辑完整的表意结构,这一表意结构的先验性表现为其不但存在于前话语阶段而且不属于说话者。首先,先于话语的表意结构是存在的,但并不是先验的,而是存在于说话者心里;其次,一种民族语言特定表达习惯的形成是集体无意识的结果,语言的底层结构并非一定是在逻辑结构上毫无破绽的形式。

刘复(1920,1932)也提到了省略的问题。刘复(1920)在"论句"一章中讲到"独字句"时区分了独字句和省略,认为"快来""得啦"

[①] 王力,1981,《中国语法纲要》,山西人民出版社,第181—182页。
[②] 龚千炎,1997,《中国语法学史》(修订本),语文出版社,第75页。

这样的句子虽然不是一个字，但是，"主词"和"表词"仍然是不完全的，应该叫作"推广的独字句"或"推广的句词"。像"行行重行行，与君生别离"和"坎坎伐檀兮，置之河之干兮"这样的句子却不应当看作独词句，因为"他的构造，处处与正式的文句相合，不过省去一个主词便了"①。刘复在此处的分析虽然不甚具体，但已经注意到省略句和非主谓句的关系问题。刘复（1932）具体阐述了数量名短语中"数词之省略"和"主要名词之省略"，并区分了文言和白话在两类省略使用上的区别，"数词之省略"在白话中更普遍，名词是双音节或者单音节加修饰词的在文言中不能省略数词，而在白话中可以省略。例如，白话中可以说"造间屋把它遮盖起来""来杯白干"这样的句子，文言中不可。"主要名词之省略"则在文言中常见，例如，"臣饮一斗亦醉，饮一石亦醉"。此外，《新著国语文法》中还提到了作为词尾的"者"字以及"所以……者"结构中"所以"的省略问题。刘复在自序中说："其中文白兼讲，求其彼此合参而易于贯通也。"因此，刘复（1932）是文言和白话合在一起说的，在论述一类语言现象时往往两相参照，文言和白话由于使用场合的不同往往在语言形式上表现各异，这提示我们在现代汉语框架下对省略现象进行研究时应当注意语体。

陈望道（1932）将修辞分为"消极的修辞"和"积极的修辞"两大类，将省略归为积极的修辞一类。省略本身又分为积极的省略和消极的省略，积极的省略或者是"可以省略的简直不写"，或者是"虽写只以一二语了之"；消极的省略或者是"蒙上省略"，或者是"探下省略"。积极的省略是省句，消极的省略是省词。由此可知，陈望道所说的积极的省略与前语法学时期诸小学家和经学家所谓"省文"的概念略同，而消极的省略，也就是省词，才是指句法成分的省略。

吕叔湘（1942）主要论述了起词的省略、止词的省略、连系补词的关系词及其前后成分的省略、对话记录中"曰"字的省略问题。起词和止词的省略可分为"当前省略""承上省略"和"概括性省略"三类，不再赘言。《新著国语文法》中对连系补词的关系词的讨论主要涉及"于""以""为""与"四个。"为""与"后的补词往往蒙上省；"于"后补词不能省，但"于"本身常省；"以"则既常省本身，也常省其后的

---

① （清）刘复，1989，《中国文法通论》（民国丛书·第二编），上海书店出版社，第70页。

补词，还会省其前的止词。吕叔湘指出，省略有时不仅是为了求简洁，而且也会受整齐律的制约。总的来说，吕叔湘（1942）在探讨省略问题上仍然是传统语法的路子。

王力的《中国现代语法》专注语言规律的说明，而王力的《中国语法理论》则专注理论的阐述，其中都有关于省略的系统论述。王力（1943）专门为省略作了如下定义：凡比平常的句子形式缺少某部分者，叫作省略法。王力将省略分为"承说的省略"和"习惯的省略"两大类，承说的省略又分"主语的省略""目的位的省略""关系位的省略""表位的省略""谓词省略"五种；习惯的省略是和承说没有关系的表达习惯问题，替代法和称数法中经常存在习惯省略的现象，例如对话中处于主位的人称代词经常省略，口语中作为日期和年龄的单位也经常会被省略。王力关于省略的论述至少在以下三个方面比前人更加深入。

其一，指出了一条判断省略的标准。王力认为，省略的部分补出后至多是嫌繁些，不致违反语言习惯，如若所谓省略是一种常态，补出所省略的内容反而是不会真正使用的累赘形式，则不应看作省略。

其二，从反面出发总结出几种似省略而非省略的情形。王力总结出"本来不用谓词的""本来是不合逻辑的""某一些成语或类似成语的话"三类似省略而不应看作省略的情况，并分析了相关原因。

其三，区别了省略和于逻辑不合的情况。王力指出，一些于逻辑不合的情况如果硬要改为合乎逻辑反而不合汉语习惯，因此于逻辑不合并非一定是省略。

王力在看待省略问题上比前人深入得多，也谨慎得多。王力承叶斯柏森的观点，认为"除非在绝对必要的地方，否则还是不谈省略为佳"。因此，王力不但试图阐述何种情况应看作省略，还指出什么情况不应看作省略，这与黎锦熙省略泛化的思想正好相反。王力对待省略的这一态度和后来一些受美国结构主义影响的学者是基本一致的。

高名凯（1948）认为，省略句是"因为语言环境的允许而把主语部分或谓语部分省略去"的句子，因此，书中讨论省略句一直围绕主语或谓语省略的情况，其中动句的谓语中又涉及动词和宾语，除此之外，其他成分的省略并没有涉及。高名凯认为，句子中主语省略是常见的，因为"言必有所谓"，所以谓语一般不能省略，但一些特殊情况下谓语也可以省略，比如，问答句中说话人着重问到主语是什么时以及询问句中谓语不言而喻时。高名凯认为，有些情况下说话者没有把话说完，只有一个开头，这个时候不应看作省略。他举的例子是：

（1）（之间那人瞟了康明理一眼，向雷石柱说：）"他——"（《吕梁英雄传》）

可见，高名凯认为，判断省略不应该仅从句法层面上看是否缺少了成分，而是要结合语用情况综合判断。

丁声树等（1961）认为，句子可以是"单词句"，也可以没有主语，作者总结出可以没有主语的四种情形：一是实际环境不需要一定把主语说出来，如日常对话中的"请坐"；二是主语见于上下文，不必重复，例如"于福的娘早死了，只有个爹"；三是主语泛指，例如"没有调查没有发言权"；四是日常用语，例如"下雨了"。因此，主语从缺的情况便可以摆脱省略的说法，但对于其他方面的省略现象，作者并没有提及。

赵元任（1979）将句子分为"整句"和"零句"，整句是主语、谓语结构完整的句子，零句则没有"主语—谓语"形式，是零散的、碎片化的句子，既然零句也是有正当名分的句子，那么省略的意义就被消解了。

吕叔湘（1979）正式确立了省略的地位，他折中了滥用省略和不谈省略两种观点，认为省略是存在的，但同时又对省略提出了两个限定条件：第一，如果一句话离开上下文或者说话的环境意思就不清楚，必须填补一定的词语意思才清楚；第二，经过填补的话是实际上可以有的，并且填补的词语只有一种可能。这样才能说是省略了这个词语。

三　深入发展阶段（1980年至今）

（一）结构主义角度对汉语省略的研究

美国结构主义语言学致力于对语言结构做形式化描写，虽然不能笼统地说结构主义语言学家排斥语义，但他们一般并不将语义作为主要分析对象，而是"有控制地使用意义标准"。省略现象并非都是只涉及句法结构的问题，如果仅从显性句法结构出发而不关涉意义，很多"空成分"很难进入结构主义语言学家的研究视野,所以结构主义语言学家一般不谈省略。受美国结构主义语言学影响,国内很多语言学家或者不谈省略问题或者对待省略态度十分谨慎。[①] 朱德熙(1982)认为,"所谓省略指的是结构上必不可少的成分在一定的语法条件下没有出现"。但是,他这里所说的"结构上必不可少的成分"并非一般意义上的句法成分,而基本上是指一些功能性成分,这从他所举的例子中可见一斑:

(2) 我昨儿买一自行车
(3) 手里拿一瓶
(4) 桌上搁一电视
(5) 打外边进来一老头

朱德熙认为,这些句子中都省略了量词。另外,他还认为,"吃得"是"吃得得"的省略。从上述例子来看,朱德熙判断省略依据的是句子中一些常规必备的功能性成分的缺失,而不是一般意义上的句法成分的缺失,所以像"一张动物园"这样的句子,朱德熙不认为是省略。[②] 朱德熙所说的省略与语用没有关系,与句法成分也没有关系,而是一种功能性成分的缺失,这样的话,省略的范围就极其狭小,省略也就算不得语言学上的大问题。

(二) 三个平面角度对汉语省略的研究

漫长孕育阶段对省略的研究基本上是以经验的语义分析为主,从马建忠(1898)开始,对省略的研究逐渐引入句法分析的角度,之后各学者或有侧重之不同,但主要无非是从这两个角度探讨省略的,偶有提到省略和语境之间关系的,但也仅是寥寥数笔,并未成论。吕叔湘(1979)的说法最为经典。20世纪80年代前后,三个平面的语言研究方法兴起,这一研究方法论上的进步为语言研究打开了新的视野,在一些学者的带动下,省略研究也开始真正引入第三个角度——语用角度。王维贤(1985)将省略分为意念上的省略、结构上的省略和交际上的省略三种类

---

① 在前一阶段已有一些结构主义语言学家对省略问题进行了探讨,如丁声树(1961)和赵元任(1979)等。

② 朱德熙认为是非主谓句。

型，分别对应语义、句法、语用三个平面。王维贤认为，从不同的平面上观察，省略有不同的含义和内容，因此，省略问题应当从三个不同平面分别探讨。范开泰（1990）区分了句法上的省略、语义上的隐含、语用上的暗示并分析了三者之间的关系。需要注意的是，范开泰分别从句法上、语义上和语用上分析省略、隐含和暗示三个对象，这三个对象是相互联系的，他们都是"口里不说，意思里有"的现象，并不是从三个平面研究省略这一个对象。

（三）省略研究的"语用学转向"

应该说，从三个平面作为研究视角开始，语用因素越来越受到研究省略的学者们的重视。我们这里所说的语用是一个涉及语境因素、言语交际、语言使用、语用推理、信息焦点以及说话人和听话人之间的互动关系等多方面的概念。语用角度的探索使得省略研究由单纯的静态分析向动态研究转变。

施关淦（1994）指出，说话是一种语用行为，语境大致包含上下文、情境、说/写者和听/读者，如果语境中包含了某些信息，说话的时候就可以将表示这些信息的词语省去，这就是所谓的"省略"。施关淦将省略分为承上省、蒙后省、对话省和自述省四类，认为省略离不开语境，是一种语用现象。黄南松（1995）将句子分成"语境句"和"非语境句"，省略是属于语境句的。一般人依据理解上的需要和语境来判断某个句子省略了什么成分。黄南松认为，成分省略是篇章得以相互连接的一个重要手段。此外，黄南松（1996）还以书面语为研究对象，专门从语篇的角度分析省略现象，并再一次指出省略是汉语语篇衔接的重要语法手段。郑远汉（1998）区分了话语句子和语法句子，认为汉语句子中的省略是一种话语省略，是话语现象，话语省略的成分可以凭借话语环境召回，具有可召回性。因此，郑远汉也是在强调省略与语境的关系。郑远汉在文中修正了吕叔湘关于省略"填补的词语只有一种可能"的说法，[①] 认为省略是省略的语义成分，因此语义上只能是一种补入办法，但是，实际上补入的词语却不一定只有一种可能的，只要语义一致，往往可以有多种补法。我们

[①] 吕叔湘，1979，《汉语语法分析问题》，商务印书馆，第59页；吕叔湘，1986，《汉语句法的灵活性》，《中国语文》第1期。

认为，郑远汉对于省略部分还原问题的看法应该是更加合理的。此外，郑远汉还从语体角度区分了正式体和非正式体在省略上的不同特点。杜道流（2000）从省略句中保留成分和省略成分的关系着眼审视会话中的省略现象，认为对话中句式灵活，往往不考虑句法的完整性，省略的成分往往不止一个，留下来的成分往往是句子的焦点成分。此外，会话省略中保留的成分有时也不只是焦点成分，往往还包括和焦点相连的成分，在非焦点成分的保留资格上，与焦点成分距离近的成分以不省略为常，反之则往往省略，杜道流称之为焦点控制。

（四）生成语法角度对汉语省略的研究

20世纪80年代之后，生成语法进入"原则与参数"模式的"管辖与约束理论"时期，在这一理论时期，"空语类"（也可译成"空范畴"）是核心理论之一。乔姆斯基将语言中的名词性成分分为词汇性成分和空成分，空成分说的就是空语类。在空语类理论引入国内的早期，一些学者在理论介绍和结合汉语进行理论"本土化"工作上做出了有益探索，这方面的学者主要有胡晓灵（1987）、黄衍（1992）、张国宪（1993b）、徐烈炯（1994）、沈阳（1994）、韩景泉（1997）等。空语类涉及的是名词性成分的空位问题，空语类和省略二者既有联系又有区别，空语类也是有意义但没有语音形式的空位成分，但是，空语类针对的是抽象的句法结构，属于句法范畴；虽然有部分省略也是由句法规则决定的，可视为句法现象，但从根本上说，所有的省略针对的都是具体的话语中的句子，属于语用范畴。近年来，在生成语法理论视域下对汉语省略问题进行的研究一直未曾间断，也取得了一定的成绩，学者们往往采取汉英对比的策略进行研究，例如高明乐和郭献庭（2003）、刘丽萍（2006；2015）、贺川生（2007）、傅玉（2010；2014；2019）、张天伟（2019）等。不可否认的是，汉语和英语的不同特点导致运用生成语法理论去解释省略问题在适切度上存在差异，在研究角度上采用汉英对比的方法的确可以获得一些有价值的研究结论。

除此之外，在这个时期从不同角度研究省略相关问题的学者还有廖秋忠（1984）、方梅（1985；2008）、方小燕（1989）、荣晶（1989）、邵敬敏（1991）、袁毓林（1994；1995；2002）、赵世举（1999）、李艳惠（2005）、陈伟英（2009）、李晓奇（2015）等，在此不一一赘述。

第二章　省略的性质

一　传统语法对省略性质的认识

在省略性质上，学界分歧严重，有句法结构说、逻辑语义说和语用说等。

（一）句法结构说

首先明确从句法结构角度看待省略的是朱德熙。朱德熙（1982）说："所谓省略指的是结构上必不可少的成分在一定的语法条件下没有出现。"朱先生特别指出："省略的说法不宜滥用，特别是不能因为一个句子意义上不自足就主观地说它省略了什么。"范开泰（1990）区分三个平面，认为句法上的隐略是省略，语义上的隐略是隐含，语用上的隐略是暗示。他说："省略是由句法成分的删略而形成的一种隐略现象，在汉语里极为常见。省略的是句法成分……句法成分的省略必须有一个句法的标准：只有那些句法结构上必不可少的成分没有出现才是省略，不把省略的部分补上句法结构就不完整，或者虽然句子也能成立，但已不是原来所要表达的意思了。"[①]

结构主义是不承认省略的。朱德熙深受结构主义影响，在对待省略问题上较为谨慎，虽然不完全否认，但进行了较为严格的限制。朱德熙举了"数+名"结构和"吃得"两个例子，认为前者省略了量词"个"，后者省略了一个"得"。朱德熙对省略的认识有三点值得注意。

一是省略的成分。朱德熙认为，省略的是结构上必不可少的成分，而

[①] 王维贤（1985）将省略区分为几类，其中之一是结构省略。不过，他所说的结构省略实际上隐含。关于隐含，下文将探讨。

所有的句法成分（主谓宾定状补）在汉语中都不是必不可少的，因而朱德熙所谓的省略基本是针对功能性成分而言的。①

二是省略的频率。因为省略是针对功能性成分而言的，而功能性成分的从缺在汉语中是较为少见的，因而汉语中省略出现的频率将会是很低的。

三是省略的可还原性。朱德熙肯定了省略的可还原性："从原则上说，省略的成分应该是可以补出来的。"但"吃得"这样的同形合并现象显然不具有可还原性，"吃得得"是不可接受的。

范开泰虽然也从句法角度看待省略，但在以下几个方面与朱德熙的认识有所不同。

一是省略对象不同。朱德熙用的是"成分"，范开泰用的是"句法成分"。朱德熙所说的成分是功能性成分，而范开泰所说的句法成分，既包括狭义的句法成分，也包括功能性成分。

二是对"结构上必不可少的成分"的认识不同。范开泰认为，主语是必不可少的成分，宾语、定语、状语等不是。朱德熙虽未明言，但从他否认"一张动物园"存在省略和他所举的省略用例看，狭义的句法成分都不是必不可少的成分，因而不存在主语省略的问题。

三是对语义的认识不同。朱德熙所说的省略完全是句法的，与语义无关。范开泰所说的省略既与句法有关，也与语义有关。下面是范开泰举的例子：

（1）进城以后老张几次亲自做对虾，装满大饭盒，给我母亲送来。老伴病了，老张也到医院看望。

范开泰认为，例（1）中"老伴"是"我的老伴"，而非"老张的老伴"，分析时必须补上，否则会带来语义的不同。

范开泰的认识存在以下问题：

第一，他将主语纳入必不可少的成分，而将其他句法成分排除在外的做法缺乏依据。

---

① 汉语量词当然也有一定意义，但从人类语言共性角度看，也可视为连接数词和名词的功能性成分。

第二，他一方面明确将定语排除在必不可少的成分之外，另一方面，从他对例（1）的分析看，显然又认为该例省略了定语"我的"，有自相矛盾之嫌。

第三，既认为省略是句法上的隐略，又引入语义标准，也有自相矛盾之嫌。

我们认为，从句法角度看待省略是可行的。在句法规则上，某个成分应出现而未出现，可视为省略了该成分。如：①

(2) 一般重音是在补语："变坏""延长"。

(3) John likes movies, and Bill concerts.

在汉语中，介词"在"引导处所结构，根据句法规则，不可直接接普通名词，需要在普通名词后加上方位词，形成方位短语，因此可以认为，例（2）中省略了方位词"上"。在英语中，一般而言，一个句子不可缺少谓语动词，因此可以认为，例（3）中省略了谓语动词"likes"。

这类省略突破了句法规则，往往有句法条件的制约。在生成语言学理论中，所谓的允准理论（Theory of ellipsis licensing）就是探讨省略的句法环境制约，包括一致关系和省略允准核心两部分。

此外，有时省略还会对句法结构带来影响。如：②

(4a) 小王向北京大学，小李向清华大学分别提出了攻读博士学位的申请。

(4b) 分别地，小王向北京大学提出了攻读博士学位的申请，小李向清华大学提出了攻读博士学位的申请。

(5a) They want to hire someone who speaks a Balkan language, but I don't remember which.

(5b) * They want to hire someone who speaks a Balkan language, but I don't remember which Balkan language they want to hire someone who speakes.

---

① 例（2）转引自赵元任（1979），例（3）转引自刘丽萍（2006）。
② 例（4）转引自范开泰、张亚军（2000），例（5）转引自刘丽萍（2006）。

例（4b）是例（4a）的完整形式，可以看出省略与否可以对"分别"的句法位置造成影响。例（5b）是例（5a）的完整形式，可以看出省略句例（5a）是可以接受的，而完整形式例（5b）因为违反了孤岛限制是不可接受的。具有孤岛修复（island repair）功能是英语截省句的一大特点。

（二）逻辑语义说

更多的学者是从语义的角度来看待省略的。

黎锦熙（1924）是从逻辑事理的角度看待省略的，凡从逻辑事理的角度看应该出现而未出现的成分就是省略。他在谈到"逻辑的主语之省略"时说："这种省略，虽不合于论理，在习惯上却不至发生误会。单论语言和文学的习惯，原是偏于心理方面的；但若讲到文法，便不能不兼顾论理的方面，所以这也要叫做论理的省略。"下面是他举的几个例子：

（6）请坐！
（7）这酒太淡。
（8）我的心像水似的。

黎锦熙认为，例（6）的完整形式是"我（我们）请你（你们）坐"，例（7）的完整形式是"这酒的味道太淡"，例（8）的完整形式是"我心里的干净像水似的"。

如上几例所示，黎锦熙从逻辑角度看待语言问题，所认定的省略范围非常宽泛，受到广泛批评，应者寥寥。事实上，语言与逻辑虽有密切的关系，但毕竟是两码事。从逻辑事理的角度来分析语言问题是不恰当的。郭中平（1957）指出，这种看法误解了逻辑，因为逻辑并没有决定语言如何表达的能力，也误解了语法，因为臆想为数不少的分明能够圆满地表达意思的句子并不能圆满地表达意思。

王维贤（1985）所说的省略中有一类叫意念上的省略。下面是他所举的意念省略的例子：

（9）我的孩子把邻居的玻璃打碎了。
（10）凤姐笑问道："这么大热的天，谁还吃姜呢？"

王维贤认为，例（9）从意念来说，至少省略了我的"哪一个"孩子，男孩还是女孩；我的"哪一个"邻居，左邻还是右邻；邻居的"什么"玻璃，窗玻璃还是门玻璃；"用什么"打破的；破得"怎么样"等等。例（10）省略了言外之意"怎么这样辣辣的呢"。

王维贤没有界定何为意念上的省略，只是说："意念上的省略是句子的语义分析问题，是语义学的问题，不是语法学的问题。""意念上的省略也可以叫做语义省略，属语义学范畴。"

根据 Sperber & Wilson（2001）的关联理论，交际是一种明示—推理过程（ostensive-inferential process）。从说话人角度看，交际是一种明示过程。所谓明示就是说话人把信息意图（informative intention）明白地表达出来。从受话人角度看，交际是一种推理过程。所谓推理就是听话人依据最佳关联，从说话人的信息意图和认知语境假设（assumptions of a cognitive environment）中推理出说话人交际意图（communicative intention）的过程。与传统的静态语境观不同，关联理论将语境视为一个在互动过程中为了正确理解话语而形成的心理建构体（psychological construct），是听话人有关世界的假设子集。

从关联理论的角度看，例（9）中王维贤所认为省略的内容属于认知语境假设，例（10）中王维贤所认为的省略是说话人的交际意图，而省略只与信息意图有关，因此，王维贤所说的上述意念上的省略其实与省略无关，也不属于语义学范畴，而是属于语用学范畴。[①]

方小燕（1989）借鉴生成语法中表层结构和深层结构的思想，认为省略的性质就是语法允许投射的语义成分没有投射。所谓投射，就是语义成分表达成为句法成分。她还借鉴逻辑学上固有范畴、偶有范畴的思想，将句法成分分为框架成分和非框架成分，认为框架成分和非框架成分都可以省略，但以前者为主。

方小燕将句子区分为表层句法结构和深层语义结构，认为省略就是有语义成分而无句法成分。这个认识是合理的。但如何确定有某个语义成分？功能性成分可以依据句法规则，框架成分可以依据论元结构，非框架成分呢？恐怕只能依据语境。至于该语义成分的所指，则只能依据语境。

[①] 王维贤所说的意念上的省略内容庞杂，除了例（9）、例（10）所示，还认为黎锦熙（1924）所说的"对话时的省略""自述时的省略""承前的省略""论理的主语之省略"等属于意念上的省略。

正如她在分析省略原因时指出的——以判断为单位进行的概念、判断的接续、交织。因此我们认为，虽然方小燕从语义角度探讨省略，但从根本上说，她的省略观仍属于语用派。

（三）语用说

在汉语学界，谈到省略，引用最多的是吕叔湘的观点。吕叔湘（1979）说："关于省略，从前有些语法学家喜欢从逻辑命题出发讲句子结构，不免滥用'省略'说，引起别的语法学家的反感，走向另外一个极端，说是只要说出来的话能让人懂，其中就没有任何省略。要是平心静气来考虑，应该说是有省略，但是有条件：第一，如果一句话离开上下文或说话的环境意思就不清楚，必须添补一定的词语意思才清楚；第二，经过添补的话是实际上可以有的，并且添补的词语只有一种可能。这样才能说是省略了这个词语。"这段话表达了三个意思：

一是省略现象是客观存在的。

二是省略的前提是脱离语境后表意不清，因而省略与语境关系密切，是一种语用现象。

三是省略具有可还原性，且还原的词语是唯一的。

实际上，吕叔湘的上述思想很可能来源于郭中平。郭中平（1957）指出："断定结构完整不完整，辨别简略与非简略，标准是单个句子的有无达意功能。这样，实际运用这个标准的时候，我们就可以：第一，看看某一个句子从语言环境里抽出来，还能不能圆满地表达意思，能表达的不是简略，不能表达的是简略……第二，简略句略去的部分同样有达意的作用，是隐含着的，是说者和听者都能意会的，所以要补就能肯定地补出来；如果不能肯定地补出来，就不是简略句。"不论是内容还是表达形式，吕叔湘的说法和郭中平的说法都非常相近。

邵敬敏（1991）认为，意思的"完整""明确"本身是个模糊概念，作为鉴别标准，难以掌握。他认为，省略离不开语境，离不开完整句。省略应符合三个基本条件：

一是这种言语现象是由上下文或语境条件制约而造成的。

二是由于上下文或语境的提示，所省略的成分是确定的，必补的。

三是补出省略成分后，句子意思不变。

施关淦（1994）肯定了吕叔湘（1979）对省略的认识，明确指出省略是一种语用现象，是人们在交际时由于语境可以提供某些信息，而省略了话语句子中已由语境提供了信息的那些词语。他还特别指出："省略只是省略了词语的形式，由语境提供的有关信息即意思却不能省略。"

郑远汉（1998）指出："省略是一种言语行为，是使用语言的结果。省略句即话语成分或语义成分有所省略的话语句子。""话语句子实际担负的表述任务所需要的成分缺了，这个句子就不能'自足'，要凭借话语环境'召回'，否则它在话语里（不是或不只是在语法上）就站不住，语义不明，属于病句。"

此外，施关淦（1994）、徐思益（2000）等也明确指出，省略是一种语用现象。王维贤（1985）所说的交际上的省略就是语境省略。

虽然在具体的判定标准方面有一定的差异，但上述诸家都认为省略与语境关系密切，因而可视为一种语用现象。

我们认为，从语用的角度看待省略是合理的。理由有二：

第一，从省略的功能看，省略是说话人为了达到简洁化、后景化等目的而做出的。如：

(11) 甲：你什么时候回来的？
　　　乙：二月八号。
(12) 病了，他舍不得钱去买药，自己硬挺着。

例（11）是口头对话，答话人为了经济，只提供了问话人未知的信息，已知信息一概省略。例（12）存在小句主语零形反指现象。根据方梅（2008），主语零形反指是后景化需求驱动的句法降级，因而有使后面小句前景化、强调后面小句信息的作用。

由此可见，省略是说话人为了某种语用目的而运用语言的结果。

第二，从省略的特点看，省略具有可还原性是有共识的，而要还原所省略的成分，往往离不开语境。如：

(13) 甲：你不怪我吧？
　　　乙：不
(14) "别动！"茶馆掌柜的有经验，拦住了大家。（《骆驼祥子》）

例（13）根据上文，还原后"不"的完整形式应是"我不怪你"。例（14）根据情景语境，"别动"的完整形式应是"大家别动"。离开语境，上面两例的可还原性便无从谈起。当然，一些功能性成分的省略可凭借句法规则还原，无须语境。

省略与语用有关，因为省略是运用语言的结果，省略成分的还原需要在语境中进行。省略与语义也有关，因为省略的语言形式，语义仍是"可理解的"。① 省略与句法也有关，因为一方面省略是句法结构一部分的从缺，且有些从缺可以凭借句法规则还原；另一方面，有时省略还会对句法结构产生影响。正因为如此，人们在省略性质的认识上才会如此分歧。我们认为，从根本上说，省略是一种语用现象，有些省略可以凭借句法规则还原，或对句法结构产生一定影响，这些省略也可从句法角度看待。②

此外，王维贤（1985）还提出了语音省略的说法，所举例子是：

（15）今儿个也不是又上哪儿疯去了。
（16）信我信了。

王维贤认为例（15）中"不是"是"不知是"的省略，类似"不知道"说成［pur tao］。例（16）中两个"了"合为一个"了"。我们认为前者可用语流音变中的语音脱落来解释，后者是典型的同形合并现象，都不宜视为省略。

二　国外生成语言学者对省略性质的认识

根据刘丽萍（2006）、Lobke（2010）、张天伟（2011）、李晓奇（2015）等，针对省略，生成语言学为了解决语音和语义的不一致，提出了三种解决路径：PF 删除说、LF 复制说和无结构说。

---

① 郑远汉（1998）提出省略是语义成分，该说法并不恰当。
② 苗杰（2004）说："这样看来，所谓'省略'只是就脱离语境的孤立句而言的，'省略'说只能是在句法语义平面省的一种表述，语用上不应该有'省略'的说法。"该说法是不正确的。

(一) PF 删除说

PF 删除说的核心思想是：句法和语义具有一致性。省略部位具有完整的句法结构，省略句和相应的非省略句在句法结构上没有不同，在 LF 接口上也基本一致，只是省略部位的语音形式被删除而已，删除在 PF 层发生。

PF 删除有两个条件：可还原性（recoverability）和允准（licensing）。所谓可还原性是指 PF 删除的意义可以从语境中找回。Chao（1987）曾提出还原的三条渠道：一是句法重构（syntactic reconstruction），二是同标（conindexation）或约束（binding），三是谈话解释过程。至于还原遵循的是语义等同（semantic identity）还是句法等同（syntactic identity），学者们看法不一。所谓允准是指并非所有句法结构都允许省略，省略受到严格的句法环境制约。Lobke 对多种省略的允准进行了探讨，提出了允准理论。该理论认为，省略必须有允准核心，省略是依据省略部位和省略允准核心在省略上的一致关系而实现的。省略发生在派生过程中。

PF 删除说是以语音缩减假设（Phonological Reduction Hypothesis）为理论基础的，认为省略句是通过删除语音上带有低音特点、语义上属冗余信息的成分而形成的。

PF 删除说的代表性人物是 Merchant。Merchant 利用英语、希腊语和德语等材料从介词流落、形态上的格标记、省略部位提取等方面对截省句进行了很好的解释，为 PF 删除说提供了很好的证明。

PF 删除说比较符合说话人的编码过程。下面是刘丽萍（2006）所举的一个例子：

(17) 有人要来，猜猜是谁。

显性句法部分生成句子：[IP 有人要来]，猜猜 [CP 是谁要来]
PF 层面删除：[VP 要来]
PF 输出：[IP 有人要来]，猜猜 [CP 是谁 [e]]
有些省略现象 PF 删除说似乎不太好解释。如：①

---

① 例（18）、例（19）转引自刘丽萍（2006）。

(18) They want to hire someone who speaks a Balkan language, but I don't remember which. (他们想雇佣一个说巴尔干语的人，但我不知道哪一种)

(19) *They want to hire someone who speaks a Balkan language, but I don't remember which Balgan language they want to hire someone who speaks. (他们想雇佣一个说巴尔干语的人，但我不知道哪一种巴尔干语他们想雇佣的人说)

例（18）是截省句，可以被接受。例（19）是例（18）经过还原后得到的完整句，该句的疑问词短语从关系从句中移出，违反了孤岛条件，是不可接受的。这就是所谓的截省句的孤岛修复（island repair）功能。为何截省句有孤岛修复功能，对 PF 删除说来说是个难题。

此外，允准理论是 PF 说的核心思想，但允准理论只适用于句法因素形成的省略现象，对语用因素形成的省略现象，该理论就无能为力了。

（二）LF 复制说

LF 复制说的核心思想是：省略结构是在基础部分生成的，由基础部分向 LF 层输出的时候是一个包含空位成分的结构。LF 层通过语义恢复规则来重建空位成分的逻辑表达式。

根据张天伟（2011），这一看法是省略存在结构的主流看法，以 Chung et al.（1995）的 IP 循环理论为代表。IP 循环理论以管辖与约束理论为基础，认为截省句在 D 结构中包含一个空的时间短语（TP），空的时间短语通过循环复制（recycling）先行语 TP 的内容，从而在 LF 层次上得到解释。这一过程涉及循环复制、萌生操作、共标和合并（merger）等操作，最重要的目的是为截省结构构造的 LF 必须为疑问算子提供一个可以约束的自由变量。

刘丽萍（2006）运用 IP 循环理论对汉语截省句进行了全面而深入的研究。她根据关联语的隐现情况将汉语截省句分为两类：关联语为隐性的截省句和关联语为显性的截省句，针对前者，通过循环复制和萌生操作在 LF 层重建空位成分的逻辑表达式；针对后者，通过循环复制和合并在 LF 层重建空位成分的逻辑表达式。

LF 复制说比较符合听话人的解码过程。下面也是刘丽萍（2006）所

举的一个例子:①

(20) 有人要来，猜猜是谁。

拼出句子：[IP 有人要来]，猜猜 [CP 是谁 [P]]
LF 层面复制：[IP 要来]
LF 层面重建：[IP 有人要来]，猜猜 [CP 是谁要来]

LF 复制说对截省等省略现象有较强的解释力，但对先行词包含省略这类现象就难以解决。如:②

(21) Christina [read every book Hilary did pro].
(22) * Christina [read every book Hilary did [read every book Hilary did [read every book Hilary did [read every...]]]]

英语中允许例 (21) 这样的先行语包含省略 (antecedent-contained deletion) 的句子，但运用 LF 复制说得到的例 (22) 是不可接受的。

此外，LF 复制说只能用来解释有先行语的省略句，对于没有先行语的省略句，特别是因情景语境而省略的句子，该理论更是无能为力。和 LF 复制说类似的还有一种空代词说，该理论认为，省略部位存在词汇性的空代词，这样的空代词类似于显性代词，通过纯语义的手段来解释语音和语义的不一致。空代词说可以克服 LF 复制说的一些弱点，但有些省略现象它也无法解释。如：

(23) 甲：他现在应该到北京了。
　　　乙：未必。
(24) 我明天不去北京了，你呢？

(三) 无结构说

无结构说的核心思想是：句法与语音是完全匹配的，除了有语音形式

---

① 略有改动。
② 例 (21)、例 (22) 转引自张天伟 (2011)。

的句法结构外，不存在别的句法结构。省略部位既不存在句法结构，也不存在任何意义上的空成分。Lobke（2010）曾用"WYSIWYG（What you see is what you get）"来概括无结构说的思想。

根据张天伟（2011），无结构说以 Culicover & Jackendoff 的更简句法（simpler syntax）为代表。更简句法试图通过最简单的句法结构来调节语音和意义之间的关系，认为片段结构是无依赖结构（orphan），本身就是完整的。对这种结构的解释需要借助间接允准（indirect licensing）机制。这一机制依靠激活记忆中的与某些词语相关联的意义来允准省略结构的相应解读。间接允准主要有三种类型：匹配（matching）（无依赖结构和先行句中的目标词相对应）、萌生操作（sprouting）（无依赖结构作为从句中的补充物拼读出隐形论元和附加语）以及无依赖结构和语迹的对应。其中，以匹配最为重要。以光杆论元省略为例，间接允准分为三步：一是找出与光杆论元对应的先行句中的目标词语，建立二者的匹配关系；二是建立光杆论元与目标词语的概念结构表达式；三是构建光杆论元省略的表达式。如：

(25) 甲：谁把我的苹果吃了？
　　　乙：张三。

根据先行句与省略句的句法结构和问答情况，可以判断"张三"和"谁"匹配。二者的概念结构是：
先行词的概念结构：完成体（吃（施事：谁，客体：我的苹果））
　　　　　　　　　　　　　　｜
　　替换　　　　　　　　　　张三
省略部分概念结构：完成体（吃（施事：张三，客体：你的苹果））
因而，乙的答句虽是光杆的论元，但其表达的意思则是"张三把你的苹果吃了"。

更简句法并不排斥句法，只是强调单纯依靠句法不能很好地解决所有与省略有关的问题。该理论在简化句法的同时，需要借助语义、语用乃至认知的因素，需要间接允准机制来恢复和重建省略句的意义，因而并不比 PF 删除说和 LF 复制说更简化。此外，更简句法用来否定 PF 删除说和 LF

复制说的主要论据是有问题的。比如：①

    (26) Hello! Ouch! Wow!
    (27) Off with his head!
    (28) A: I hear that Harriet has been drinking something.
        B: Yeah, scotch.
    (29) A: Ozzie mistakenly belives that Harriet has been drinking.
        B: Yeah, scotch.
    (30) A: Ozzie doubts that Harriet has been drinking.
        B: *Yeah, scotch.

从更简句法的角度看，例（26）和例（27）不含动词，没有时态，不具有可还原性，不存在完整句；例（28）、例（29）、例（30）这三例具有相同的句法结构，但前两例没有问题，后一例是不可接受的。由此认为 PF 删除说和 LF 复制说认为省略部位存在结构的说法不成立。

其实，例（26）是叹词性非主谓句，本身不是省略句。例（27）具有习语性质，因而不具有可还原性。例（30）之所以不能接受，是因为引发句 drink 后是无指性隐含成分，而应答句却针对无指性隐含成分作出回应。由此可见，更简句法混同了非主谓句、隐含句和省略句，以此来否定 PF 删除说和 LF 复制说是欠妥当的。

大体上看，PF 删除说和 LF 复制说都试图建立省略句的结构——意义之间的对应关系，都把省略视为一种句法现象。二者的差别主要在于：前者认为，在生成及转换过程中，省略部位的结构始终存在，只是在 PF 层该结构的语音由于句法因素被删除了，属句法途径；后者认为，省略部位在基础部分是没有结构的，其结构是在转换过程中通过复制先行语的结构而获得的。无结构说则否认省略部分存在结构，在简化句法的同时，更多地借助语义、语用和认知因素来解释语音——意义之间的不一致问题，把省略视为一种语义/语用现象。

---

① 例（26）、例（27）转引自胡建华（2010），例（28）—例（30）转引自张天伟（2011）。

三 关于隐含

(一) 关于隐含的已有认识

就我们掌握的材料来看，首先明确指出省略和隐含有别的是王力。王力（1944）说："不可把隐去（ellipsis）和省略（omission）混为一谈。隐去者，是在语法的范围以内的，甚至为语法所需求，所以是常例；省略者，是在语法的范围以外的，它和语法的通则（rules）是相违反的，所以是例外。与西洋语言相反，中国的语法通则是，凡主语显然可知时，以不用为常，故没有主语却是常例，是隐去，不是省略。"[①] 郭中平（1957）也将主语省略称为隐含，郭中平说："与'我去'比较，'去'没有主语，结构不同了。但是从'去'所表达的意思方面看，它前面还有个隐含的主语'我'。隐含而没有说出来，与没有而说不出来不同；前者是简略句，后者是无主句。"

隐含，作为具有专门意义的术语，最早由吕叔湘提出。吕叔湘（1979）在谈过省略后指出："跟这个（按：指省略）不同，'你一言，我一语'，可以在'一言'和'一语'前边添补'说'或者'来'，但不能限定是'说'或者是'来'，并且实际上都不这样说，我们只能就认为这里隐含着一个'说'或'来'，不能说省略了一个'说'或'来'，至多只能说省略了一个动词。同样，在'他要求参加'和'他要求放他走'里边，可以说'参加'前边隐含着'他'，'放'前边隐含着'别人'，但是不能说省略了他和别人，因为实际上这两个词不可能出现。"在结合例句说明完隐含后，吕叔湘更进一步指出："'隐含'这个概念很有用，'隐含'不同于'省略'，必须可以添补才能叫做省略。"吕叔湘的这一论述为隐含的研究奠定了基础。

其实，吕叔湘对隐含的认识有一个变化过程。早期，他是将隐含现象归入省略的。比如，吕叔湘（1943）将省略起词的情况分为三类，最后一类叫"概括性省略"。下面两例是他所举的概括性省略的例子：

[①] 在早期的汉语语法研究中，存在混用"隐含"和"省略（简略）"的情况。

(31) 本校欢迎参观。(起词泛指任何人)
(32) 打钟了，吃饭去罢。(起词不定或不必说出)

按照他1979年对隐含的经典论述，上面两例显然应属于隐含，而非省略。

吕叔湘（1969）意识到隐含和省略的不同，此时用的说法是"隐藏"，而非"隐含"。他说："国语的句法分析比较印欧系语言困难，有两个原因：一是隐藏和省略的部分太多；二是缺少语形变化的依据。"他在注释中指出隐藏和省略的区别：隐藏是照例不说出，省略是通例说出而此处不说出。

在对隐含进行了经典的说明之后，吕叔湘（1986）又指出："什么叫省略？严格意义的省略应该只用来指可以补出来并且只有一种补法的词语，否则不能叫做省略，只能叫做隐含。可是这二者有时候也难分清。这里姑且换一种说法，意思里有，话语里就出现，意思里没有，话语里就不出现，这是正常的情况。意思里有而话语里不出现，这就是'省略'。"如果用"意思里有而话语里不出现"来界定省略，那么隐含也应归入这广义的省略。

王维贤（1985）将省略分为三类，其中之一是结构上的省略。"结构上的省略必须在语言的表层结构中有形可循，并且是语言中的一种特定的格式。"从其分析看，所谓结构上的省略主要指隐含。下面是两个王维贤举的结构上省略的例子：

(33) 刚才我叫账房汇一笔钱到济南去。
(34) 你真是越忙越打岔！

例（33）是兼语结构，"叫"的宾语和"汇"的主语合二为一，隐含了一个。例（34）中"忙"的发出者可能是"你"，也可能是别人。

祝克懿（1987）认为隐含和省略都是以空位这种无语音标记的句法结构形式为其语义内容的载体。历时地看，省略是过程的起点，隐含是终点，二者有转换过程。作者从句法、语义和语用三方面谈了省略和隐含的差别：

一是在句法上，句法结构成分的删略与省略直接相关，与隐含仅有间接联系。

二是在语义上,省略的所指是明确的、一定的,若转化为无所指、泛指,就变成了隐含;就句法结构和语义结构的对应看,省略是一对一,隐含多是一对多。

三是在语用上,省略的空位填入删略语有可能性,隐含空位的填入具有不可接受性。

张国宪(1993b)继承了吕叔湘(1979)的思想,对隐含现象展开了全面探讨。张国宪认为所谓的"隐含",就是不能添补但在语义上暗含着某个词语,或者可以添补但添补的词语不止一种可能的语言现象。"隐含句或具有隐含成分的确定性,或具有补回后结构的合法性,但二者不能兼而有之,这是隐含不同于省略的地方。"此外,"隐含是句子的结构所固有的,是语言表达上的一种自然现象,属于语义学的范畴;而省略往往依赖于说话现场和上下文,是由发话人的意志决定的,是语言表达上的一种人工行为,属于语用学的范畴"。在明确隐含性质的基础上,张国宪探讨了隐含的类型和各自特征、隐含的成分和隐含的结构形式。该文是迄今为止唯一一篇专论隐含的文献,对深化隐含研究有重要意义。

施关淦(1994)肯定了吕叔湘(1979)对省略和隐含的区分,认为隐含的词语只是意思上有,但实际上是补不出来的。他指出,隐含跟多动句的生成密切相关,是多动句在加合、压缩过程中删略一些词语而形成的。省略是一种语用现象,隐含是一种语言现象。

范晓(1998)也认同吕叔湘(1979)的观点,认为隐含成分要么不能补出,要么补出后句子的句法结构和表达的意义都会发生变化。他提出省略和隐含有三点区别。

一是隐含只是语义成分的空缺,隐含语义成分的句子在句法平面不能出现相应的句法成分;省略不只是语义成分的空缺,而且表现该语义成分的相应的句法成分在句法平面是可以出现而没有出现。两者不是同一个平面上的东西。

二是省略是可以添补的,而且添补后句子的意思和结构不变;隐含要么无法添补,要么不止一种添补的可能,即使勉强添补,添补后句子的句法结构和表达的意义都会发生改变。

三是隐含了的成分是某一类共同语义特征的名物;省略了的成分则是某一特定的具体的名物。

范开泰、张亚军（2000）一方面承袭了施关淦的看法，认为隐含是由句法格式的紧缩形成的隐略现象；① 另一方面又举出了一些与句法格式紧缩无关的隐含现象，有自相矛盾之嫌。下面两例是作者所举的例子：

（35）他被开除了。
（36）今天星期一。

姑且不论这两例是否存在隐含现象，即使存在，也与句法格式的紧缩无关。

徐思益（2000）以吕叔湘（1979）对省略和隐含的认识为标准，对吕叔湘（1986）所说的广义省略的一些例句进行了分析，指出其中的一些是隐含而不是省略。他指出："省略必定在前言部分有先行语……隐含无须出现先行语，因为结构上不缺什么。"

苗杰、张学成（2004）将吕叔湘（1979）提出的省略的两个限制条件分别称为明确性和还原性。"如果一个句子离开语境后意义仍然明确，那就无须添补从缺的成分；否则，就必须凭借'根据语境添补从缺成分的不同情况'而做进一步的判定。""明确性是前提，还原性是操作方法。"根据二位作者的观点，省略句不具有明确性，隐含句有的具有明确性，有的不具有明确性。省略句具有可还原性，隐含句要么无法补出，要么有多种补法。

此外，还有一些学者论及隐含。如荣晶（1989）探讨了隐含、省略和空语类的异同，刘焱（2004）指出有的隐含具有确定性和可还原性，但没有必要性。限于篇幅，不再一一介绍。

（二）隐含的性质

要探讨隐含的性质，还要回到吕叔湘（1979）对隐含的经典说明。吕叔湘是将隐含和省略对比着说的。省略的条件之一是可还原性：

经过添补的话是实际上可以有的，并且添补的词语只有一种可能。②

该条件是联言命题，即只有当"经过添补的话是实际上可以有的"

---

① 作者把连动式、兼语式和紧缩句等句法形式视为句法格式的紧缩。
② 将省略的条件限定为添补的词语只有一种可能，失之偏颇。下文将进一步说明。

和"添补的词语只有一种可能"同时得到满足,才可谓省略。隐含与省略相对,根据逻辑学,否定连言命题,只要否定其中一个命题即可,因此从逻辑学上说,隐含的条件就是:

添补的话实际上不可以有∨添补的词语不止一种可能

而就省略或隐含研究而言,添补的话实际上不可以有又可以包括两个意思:

添补的话在句法上不可以有∨添补的话在语用上不可以有

因此,根据吕叔湘对省略的说明以及隐含和省略在可还原性上的对立,理论上,下面三条都是隐含的条件:①

A. 添补的话在句法上不可以有。
B. 添补的话在语用上不可以有。
C. 添补的词语不止一种可能。

这三个条件是相容析取关系,只需满足其中之一即可。

下面是吕叔湘为了说明隐含而举的三个例子:

(37) 你一言,我一语。
(38) 他要求参加。
(39) 他要求放他走。

吕叔湘认为,例(37)是隐含句,因为一来"可以在'一言'和'一语'前边添补说或者来,但不能限定是说或者来",二来"实际上都不这样说"。例(38)和例(39)也是隐含句,因为例(38)中"参加"的施事"他"和例(39)中"放"的施事"别人"实际上不可能出现。

---

① 刘月华等(2001)认为例(1)是无主句,例(2)是省略主语的句子,例(3)是隐含主语的句子。

(1) 刮风了! (2) 问:昨天你看电影了吗? 答:看了。(3) 小张是上海人,在北京大学学习。

刘月华等没有阐明省略主语和隐含主语的区别。从给出的例子看,作者似乎认为省略的主语可以补出,而隐含的主语虽是确定的,但语境中不宜补出。也就是说,隐含在语用上不可以有。不过,他们是联系语境来判断的,而我们这里所说的语用是脱离语境的。因为是脱离语境的,所以句法和语用上的限制都只是针对脱离语境后的单句而言的。

从我们前面的分析看,例(37)满足条件 B 和 C,即该例作为一种习语,添补不合语用,且添补的词语不止一种可能。例(38)满足条件 A,"他要求他参加"属病句,自然也就无所谓合不合语用的问题了。例(39)的情况较为复杂,学者们看法不一。苗杰、张学成(2004)认为,需要结合语境来判断。如果在语境中"放"的施事是确定的,那么该例是省略施事的省略句;如果在语境中"放"的施事也不确定,那么该例是隐含施事的隐含句。我们认为,不论该例在语境中"放"的施事是否明确,都是隐含句,因为即使是在语境中"放"的施事是明确的,可以添补出来,但不具有添补的必要性。① 吕叔湘(1979)在分析完例句后,又总结说:"'隐含'不同于'省略',必须可以添补才能叫做省略。"若如此,则条件 C 似可排除。前后有些不一致。

这种不一致也影响到他后来的认识。下面两例是吕叔湘(1986)举的例子:

(40) 这么着,你一杯,我三杯,这该成了吧?
(41) 反正一张票不能你我都进去。

吕叔湘认为,例(40)省略了动词"喝",例(41)"一张票"前省略了"只有"或"你我"前面省略了"让"。

实际上,参照他对例(37)的分析,例(40)中的谓语动词如果补出的话,也不限于"喝","来""吃""干"等似乎都可以。例(41)的省略也不限于一种补法。按照吕叔湘(1979)的看法,这两例当是隐含,而非省略。

实际上,自吕叔湘给出关于隐含的经典说明之后,对于条件 A,大家没有疑议,甚至有的学者只认为符合该条件才是隐含(施关淦 1994)。对于条件 B 和条件 C,则看法不一。我们认为,要认清隐含的性质,划清隐含和省略的界限,先要弄清楚虚指名词性成分空位是否隐含、谓词空位是否隐含、关联词语空位是否隐含三个具体问题。

1. 虚指名词性成分空位隐含问题

所谓虚指名词性成分空位是指这样一种情况:句中存在空位,而能填

---

① 下文我们会谈添补必要性问题。

入空位的是虚指名词性成分，具体包括无指、泛指、不定指、单指等。

(1) 无指名词性成分空位

根据陈平（1987），如果名词性成分的表现对象是话语中的某个实体，则该名词性成分为有指成分，否则为无指成分。无指成分是无法单独回指的。如：①

(42) 唱罢，唱罢，我们等得不耐烦了。

(43) 我这两天一直在写写写，累得够呛。

例（42）中"唱"和例（43）中的"写"都是二价动词，宾语存在空位，如果要添补的话，前者可以添补"歌"，后者可以添补"东西"，补出的"歌"和"东西"都是无指的。那么，这种情况是省略还是隐含呢？看法不一。除范开泰、张亚军（2000）等少数学者否认宾语存在省略外，大多数学者都认为汉语存在宾语省略现象，但即使对宾语省略持肯定态度，论及上两例这种情况的学者也很少。② 我们认为，上两例中"唱"和"写"后的空位应视为隐含，不应视为省略。理由有三点。

第一，一般而言，正如吕叔湘（1979）所指出的，省略句离开语境后，不把省略的成分补出来，意思就不清楚，而"唱""写"后是否补出"歌""东西"对句义是否清楚几乎没有影响。

第二，一般而言，宾语省略句中的宾语可以被否定，而上两例中"别唱歌""别写东西"否定的都是动作行为，不能否定宾语。以例（42）为例，否定宾语会造成语用失误。如：

(44a) 别唱了，赶紧走吧。
(44b)？别唱歌了，唱京剧吧。

第三，英语的及物动词一般要求强制性带宾语，但也会出现及物动词作不及物动词使用的情况。如：

(45) Tigers only kill at night.
(46) The chef-in-training chopped and diced all afternoon.

---

① 该例转引自吕叔湘（1943）。
② 例（42）是吕叔湘（1943）举的例子，作者认为"唱"后省略了宾语"歌"。

这种情况在英语中叫作成分缺失。成分缺失一般有两种情况：一是描述通用行为（generic action），如例（45）所示；二是描述反复行为（iterative action），如例（46）所示。学界一般认为，成分缺失句表达的重点是动作行为，不把成分缺失视为省略。

汉语及物动词不要求强制性带宾语，更没有理由将这类现象视为省略。

（2）泛指名词性成分空位隐含

所谓泛指，是指名词性成分的实际所指可为该名词性成分所指集合中的任意成员。下面是两个空位为泛指名词性成分的例子：

（47）吸烟有损于身体健康。
（48）多看，多听，多琢磨，经验多了就会发现问题。

例（47）中"吸烟"的施事和例（48）中"看""听""琢磨""发现"的施事均未出现，从整个句义上看，这些动词的施事均为泛指的人，如果要添补的话，可以是这样的：

（49）一个人吸烟有损于身体健康。
（50）一个人多看，一个人多听，一个人多琢磨，一个人经验多了他就会发现问题。

对这类泛指名词性成分空位现象，学界看法不一。黎锦熙（1924）、吕叔湘（1943）等认为是省略，郭中平（1957）、张国宪（1993b）、郑远汉（2000）等认为是隐含。持省略说的学者并未细究缘由，有的持隐含说的学者则进一步阐发了他们的看法。郭中平（1957）说："句子的主语可以是不定的，不定就不容易指出来，也就不需要指出来……既然可以是任何人，主语就不好添，添了反倒显得不自然，不全面。这样的无主句，添主语的可能不是没有，但是因为很难添，不需要添，所以通常总是用泛说道理的形式讲出来。"郑远汉（2000）说："话语中的句子担负有各自的表述任务，即有一定的主旨，我们分析句子的省略问题要从这个实际出发，不能用主观的理想化的模式去推求……从话语句子实际担负的表述任务看，这两句话都能自足，不是省略句。"①

郭中平的理由概括起来有两点：

一是泛指主语不容易添补。

二是泛指主语不需要添补。

我们认为，是否能添补，即是否具有可还原性，是判断省略与否的一个重要标准，但添补只涉及可能性，不涉及容易度。只要空位成分的添补符合句法和语用要求，就可以添补；反之，不能进行添补。事实上，上述泛指空位成分要添补的话，不是难事。至于泛指主语是否需要，则要视不同情况而定，不能一概而论。如下面两例中的泛指主语是需要的：

(51) 一个人不能总为自己考虑。
(52) 女人嘛，就该对自己好一点。

删去例 (51) 中的"一个人"和例 (52) 中的"女人"，这两例的泛指义将不复存在。但例 (49)、例 (50) 中的泛指主语的确是不需要的。例 (47) 本身句义明确，"有损于身体健康"是陈述"吸烟"这种行为的，既然陈述行为，那就没有必要指出行为的发出者。② 例 (48) 是个复句。如果就整个复句而言，该例能"自足"，能"担负表述任务"，但句义是否明确是以脱离语境的单个句子而言的，不能以复句为对象，否则，下面两例也不存在省略：③

(53) 他扛起铺盖，灭了灯，进了后院。
(54) 红着脸，他不由地多看了她几眼。

例 (53) "灭"和"进"的主语承前省略，例 (54) "红"的主语蒙

---

① "这两句话"是指下面黎锦熙 (1924) 所举的泛指名词性成分空位的例子：
(1) 吃饭，要右手拿筷子。
(2) 坐，立，都要竖起脊梁。

② 根据张国宪 (1993b)，名词性成分的隐含与动词位置有关。动词处于谓语位置时，宾语易充当隐含成分，如例 (42) 和例 (43)；当动词处于非谓语位置时，主语充当隐含成分的概率较大，如例 (47)。

③ 以下两例转引自方梅 (2008)。

后省略,这是学界公认的。如果以整个复句来判断是否"自足",这两例也不应视为省略。显然这是不可接受的。

如果将例(48)中的分句单独拿出来,使之脱离整个复句的语境,那么分句的语义就不能说"自足"了。如:

(55) 多看。
(56) 多听。
(57) 多琢磨。
(58) 经验多了。
(59) 就会发现问题。

例(55)、例(56)和例(57)会被当成祈使句。例(58)虽然语义明确,但发生了变化。例(59)语义不明确。总之,脱离整个复句语境后,要么语义不明确,要么发生变化。以此观之,例(48)似是省略句。

实际上,例(48)是所谓的驴子句。驴子句是指这样一类句子:由两部分组成,前一部分带有不定名词短语,且该不定名词短语具有全称量化(即泛指)意义,后一部分带有代词,该代词与前面的不定名词短语具有照应关系。驴子句是传统逻辑语义学上的一个难题,近些年不断有人运用管辖与约束理论(GBT)、话语表达理论(DRT)等进行解释。无论何种解释,对驴子句都必须进行整体观照,而且从操作层面看,也无法做到添补后语义一致。① 因此我们认为,驴子句的意义必须做整体解读,是明确的。

综上所述,例(47)、例(48)这类句子句义是明确的,不需要将泛指名词性成分补出,宜将这类现象视为隐含。郭中平(1957)以不需要添补为由将这类句子视为非主谓句是合适的。

其实,汉语中驴子句形式的习语颇多。如:

(60) 不到长城非好汉。
(61) 要想富,先修路。

---

① 如例(50)的最后一个分句脱离语境就将是另一个意思。

这类驴子句式的习语，更不应视为省略句，除了语义明确性外，还因为这类句子既然是习语，已经定式化，那么语用上也就不能进行添补，否则就不再是习语了。

(3) 不定指名词性成分空位

我们这里所说的不定指名词性成分并非语言学文献中与定指相对的有指成分，而是用来指下例中的空位：

(62) 随手关门！
(63) 不许吃带皮食物！

例（62）中"关"的施事和例（63）中"吃"的施事均未出现。这两例如果作为公共标示语出现，那么这两个施事都是泛指的，不确定的。[①] 与例（47）、例（48）不同的是，这两例中的泛指是有界限的，以空位形式出现的施事如果添补的话，可以是这样的：

(64) 各位顾客随手关门！（假定该标示语出现于某商场）
(65) 不许各位乘客吃带皮食物！（假定该标示语出现于某公交车）

可见，上述以空位形式出现的施事并非泛指所有的人，而是某一类中的不确定的个体。

就我们掌握的情况来看，这类情况以往较少涉及，仅高名凯（1956）、郭中平（1957）等少数几位学者在探讨无主句时将之作为无主句的一个类型——"表示一般的要求或者禁止的"，在后来探讨省略或隐含的文献中几乎未提及。

高名凯、郭中平以上述施事不确定为由，否认它们是省略句。我们认同二位学者的意见，不将这类情况视为省略，而是视为隐含，理由有两点。

一是作为公共标示语，它们的语义是明确的，即提醒看到该标示的人按照标示语的要求来做。换言之，上述两例中动作的施事即为看到该标示

[①] 如果这两例是针对特定的人说的，那么这两个施事都是定指的。

语的人。不合乎省略语义不明确的前提条件。

二是作为公共标示语，出现于不同的环境，提醒的对象也就不同，因而要是添补的话，那么添补的词语会随着公示语出现环境的不同而不同。不符合省略添补的要求。

（4）单指名词性成分空位

单指的概念借自张国宪（1993b）。张国宪根据名词性隐含成分的所指情况，将名词性隐含成分分为通指性隐含和单指性隐含。下面两例是张国宪所举的单指性隐含的例子：

（66）书被撕破了。
（67）开车了，请乘客拉好扶手。

张国宪认为，例（66）中"被"后隐含着"撕"的施事，"至于是'张三'还是'李四'，抑或'王五'，无法确定，但不是所有的人，而是'人'中的某个个体"。例（67）中"开"的施事情况也类似。

例（66）是短被字句，"撕"的施事是确定存在的，说话人可能知道，也可能不知道，即使知道，也无意指出。说话人不知道，自然无法添补说话人无意指出，也不便添补，且该句语义清楚，因此视为隐含是恰当的，不宜视为省略。① 例（67）"开车了"这类句子是无主句的一种常见类型，表示出现了一种新情况，本身语义上是清楚的，"开"的施事即使说话人知道，也无须指出，因而也应视为隐含句。

如果说上面两例单指成分的所指说话人可能不知道，那么下面三例中单指成分的所指说话人一定是知道的：

（68）过来一下！
（69）请坐！
（70）禁止招贴。

---

① 按照一般的看法，短被字句中的"被"是助词，既然是助词，"撕"的施事也就没有了添补的句法位置，只能视为隐含。按照生成语言学的看法，不论是长被字句，还是短被字句，"被"都是动词。如此，"撕"的施事是有添补的句法位置的，但因为说话人不知道或无意指出，因而也只能视为隐含。

例（68）是祈使句，自马建忠始，汉语学界一般认为，这类句子是省略句。比如，马建忠（1989）说："命戒之句，起词可省。"施关淦（1994）不认同赵元任（1979）对动词性零句的分析，认为："如把省略的因素考虑在内，应该说，上面这些句子（按：指赵元任列出的动词性词语作为陈述句、动词性词语作为命令句和动词性词语作为问话和答话三类动词性零句）基本上都是主谓句，即省略了主语的主谓句，有的甚至连宾语也给省略了。"之所以认为这类句子是省略句，大概是因为可以确定地补出主语"你（们）"。我们认为，这类祈使句总是指向特定的语境，可称为语境指向句。吕叔湘（1979）提出的脱离语境来观察语义是否清楚的操作对语境指向句是不适用的。不过，以语义不清楚作为省略的必要的条件我们是认同的。[①] 这类句子具有可还原性，但因为自身语义清楚，不具有还原的必要性，因而我们认为不宜视为省略。例（69）是否存在省略，学界看法不一。黎锦熙（1924）和吕叔湘（1943）等把这类句子视为省略句，认为省略了主语"我"和宾语"你"。朱德熙（1982）则指出："从逻辑的角度说，'请'和'坐'不可能是同一个人的行为，'请'的是'我'，'坐'的是'你'。这么讲似乎很有道理。可是事实上我们不说'我请你坐'，反而常常说'你请坐'，可见省略的说法是没有根据的。"张静（1987）认同朱德熙的看法，并进一步指出："如果一定要说省略，只能说省略了主语'你'，而不是'我'；更重要的是，这个'请'字并不是'请求'或'邀请'的意思，而是一个表示尊称的、没有实在意义的特殊副词……"张静认为该例中"请"是副词的说法也许并不妥当，[②] 我们仍根据《现代汉语词典》《现代汉语八百词》等的看法，认为现代汉语中只有一个动词"请"。不过我们认同他和朱德熙的看法，该例不是省略句，因为一来该例也属语境指向句，语义清楚，二来也缺乏可还原性。实际上，该例隐含了三个成分："请"的施事和受事、"坐"的当事，只不过"请"的受事和"坐"的当事合并以兼语形式出现。例（70）不论是作为公共标示语，还是作为一般的祈使句，"禁止"的施事是确定的个体，且一般而言，说话人是知道的，但是，一来这句话语义清楚，二来语用上该施事不宜添补，因而我们同样认为该句是

---

① 依据句法结构的平行性原则省略附加成分是例外。

② 沈阳（1994）提出将祈使句中的"请"视为表敬助词。

隐含句。①

2. 谓词空位隐含问题

(1) 已有研究中提及的谓词空位隐含

王力(1944)指出:"谓词的省略是很不容易,一句话里头可以没有主语,却不可以没有谓语,而谓词又是谓语的骨干,所以依理是不可省去的。但是,在两种情形之下谓词却有省略的可能:第一是在能愿式里,'能''敢'等字替代了谓词的用途;第二是在答语里,'没有'('来')后面的叙述词可省。"

高名凯(1948)指出:"不过,大半的情形,省略的是主语的部分,不是谓语的部分。因为语言必有所谓,省略了谓语,就不称其为语言。"然而他又进一步指出:"有的时候,我们也可以省略谓语的部分而留主语的部分。不过,这需要有特殊的情形:只有在问答之中,说话的人着重问到主语是什么的时候,答语才可以省略谓语的部分而留主语的部分。""询问句的谓语不言而喻的时候,往往就省略谓语(形式上的谓语)。"

可见,王力和高名凯二位先生的看法比较一致:存在谓词省略现象,但是相对而言较为少见,需要有特殊的条件。此外,郭中平(1957)、吕叔湘(1986)、张静(1987)、杜道流(2000)等学者也明确肯定存在谓词省略现象。黎锦熙、刘世儒(1957)沿袭了黎锦熙(1924)从逻辑事理角度看省略的认识,自然也认为存在谓词省略现象。

我们认为,谓词空位的性质要视具体情况而定,可能是省略,也可能是隐含。

下面两例是学者们举的所谓省略谓词的例子:②

(71) 你们不是要消灭国家权力吗?我们要,但是我们现在还不要,我们现在还不能要。

(72) 谁煎的?我。

例(71)后三个"要"后承前省略了"消灭国家权力"。例

---

① 例(70)中还隐含着兼语,如果该句是针对特定的对象说的,那么该句属语境指向句,兼语的情况与例(68)同;如果该句是公共标示语,那么该句兼语的情况与例(62)同。

② 例(71)转引自张静(1987),例(72)转引自郭中平(1957)。

（72）答句"我"后承问句省略了"煎的"。这类省略，因为有先行句作参照，学界一般没有疑议。

下面是高名凯所说的"谓语不言而喻"的例子：①

（73）我的皮大衣呢？在家里，没穿来。
（74）黛玉道："你上头去过了没有？"宝玉道："都去过了。"黛玉道："别处呢？"宝玉道："没有。"
（75）别人知道了说闲话呢？

例（73）和例（74）是"NP呢"句。"NP呢"句是强语境依赖句，在不同语境中从不同角度询问NP的情况，其中最为常见的是例（73）这样问NP的位置信息。这两例中的"NP呢"如果要还原的话可以是：

（76）我的皮大衣在哪儿呢？
（77）别处去过了没有呢？

鉴于"NP呢"句脱离语境后语义不清楚，具有可还原性，且还原后能保证语义一致性，我们认同前贤的看法，将之视为省略句。

例（75）是"VP呢"句。"呢"作为语气词，一般需要与疑问形式同现，构成特指问、选择问或正反问，不可与非疑问形式同现构成是非问。② 由此可见，语气也是语言形式的一部分，考察一个句法结构的省略或隐含，应将语气考虑在内。我们认为，例（75）存在疑问形式的空位，如果要还原的话，可以是：

（78）说闲话怎么办呢？

---

① 例（73）转引自郭中平（1957），例（74）转引自王力（1943），例（75）转引自高名凯（1956）。

② 关于疑问形式，参看陆俭明（2003）。该例的特殊之处在于："呢"与非疑问形式共现，却构成了问句。"VP呢"也可以不构成疑问句，此时的"呢"是"指明事实而略带夸张"或"表示持续的状态"义（吕叔湘，1999）。

那么，此类"VP（或句子形式，非疑问形式）呢"是省略还是隐含呢？我们认为宜归入隐含，因为这类结构虽然具有可还原性，且还原后能保证语义一致性，但它自身的语义不依赖语境也是清楚的，不符合省略的前提条件。

邢福义（1980）认为谓词可以省略，但往往受到限制。下面两例是他举的例子：

(79) 小伙子尚且搬不动，何况你呢？
(80) 不仅妇女，就连铁柱他们也都感动得掉了眼泪。

邢福义认为，例（79）是谓语承前省，并指出，这种承前省受到极为严格的限制，只出现在"尚且……何况……"的反问句式里。例（80）他认为是谓语蒙后省，同样也有严格的条件限制，只出现在"不仅……就连……"这样的递进句式里。

这两例都是递进复句。例（79）的后一分句和例（80）的前一分句都高度依赖与其相对应的分句才能获得意义上的解读，自身语义不清楚。在还原性方面，两例表现不同。例（80）可以还原，且可以保证还原后语义的一致性，要是还原的话，可以是：

(81) 不仅妇女感动得掉了眼泪，就连铁柱他们也都感动得掉了眼泪。

而例（79）则不可以还原。下面的例（82）是还原后的句子，该例是不可接受的：

(82) *小伙子尚且搬不动，何况你怎能搬得动呢？

吕叔湘（1999）正确地指出："（何况）用于后一小句句首，后一小句谓语与前一小句的谓语相同时，不重复。"

因此，邢福义将例（80）视为省略是正确的，而例（79）因不具有可还原性似只能视为隐含。

此外，我们还想指出两点：一是将省略或隐含谓词的递进句限定于

"尚且……何况……"和"不仅……就连……"这两个句式失之于严,"都……别说……""不但……也……"等句式也都可以;二是这类句子不但邢福义未能区分开,其他学者也有类似的情况。下面三例是洪心衡(1981)所举的蒙后省的例子:

(83) 不但我,连他也不知道呢。
(84) 别说大人,连那刚生下六天孩子也休想活。
(85) 别说安桥桩,就连插根木头也困难。

例(83)可以还原,是省略。例(84)和例(85)不具有可还原性,应视为隐含。

(2) 缺口句中的谓词空位

英语中有一类省略句叫缺口句(gapping)。如:①

(86) John can play the guitar, and Mary the violin.
(87) Ingrid had French toast for brunch, and Alan an omelette.

英语缺口句的典型特征有两个:
一是由两个并列的分句构成,第二个分句的谓词空缺。
二是空缺的谓词以第一个分句中的谓词为其先行语。
一般认为,汉语排斥缺口句。吕叔湘(1986)指出:"一般说,动词承前省略没有名词那么容易,例如不说'你坐那儿,我这儿''老大写诗,老二小说'。"刘丹青(2010)认为英语是名词性语言,汉语是动词性语言,因而汉语排斥有主语宾语而没有谓词的句子。

我们认同两位前辈的看法。这里我们想再补充的是,汉语历来讲求对称美,所谓缺口句,在意义上是对举而形式上不对称,因而可接受性差。如果第一个分句的动词也不出现,那么就符合对称的要求,因而在一定的语境中是可以接受的。如:②

---

① 例(86)、例(87)转引自李晓奇(2015)。另,根据刘丽萍(2006),并非所有学者都认为缺口句是省略句。有的学者采用动词跨越移位(across-the-board verb movement)来解释缺口句。

② 以下两例转引自刘丽萍、韩巍峰(2015)。

(88) 我面条，他米饭。（餐馆场景）
(89) 下个月我们两个出差，我深圳，他上海。

刘丽萍、韩巍峰（2015）将这类句子称为并列空动词句，并指出："并列空动词句需要有具体的事件性场景，对句中空缺动词的语义解释依赖该场景所提供的信息。"[①] 刘丽萍、韩巍峰的这句话实际上包含两层意思：一是并列空动词句是语境依赖句，自身语义不清楚；二是可以允准这类句子成立的条件是具体的事件性场景。

我们认同二位作者的观察，这类句子不论是整个复句，还是其中的分句，离开语境后自身语义都不清楚，而且，这类句子具有可还原性，能保证还原后语义的一致性，因而，并列空动词句应是省略了谓词的句子。下面是例（88）、例（89）还原后的句子：

(90) 我吃面条，他吃米饭。
(91) 下个月我们两个出差，我去深圳，他去上海。

下面两个也是并列空动词句：

(92) 你一言，我一语。
(93) 你一拳，我一脚。

例（92）吕叔湘（1979）认为可以补出"说"或"来"，补法不一，是隐含。例（93）张国宪（1993b）认为，可以补出"打"和"踢"，或者是"揍"和"来"，因而"这儿隐含的是一个虚指性成分"。

我们认为，上述两例中空缺的动词在语义上是实在的，并非什么虚指性成分。我们认同二位作者的看法，将它们视为隐含，但不是因为它们补法不一（实际上，所还原的具体词语不同，但语义上是一致的），而是因为它们是习语，在语用上不具有可还原性。

---

① 传统上，将这类句子称为"对举格式""对举表达式""对称格式"等。比如，张国宪（1993a）是这样界定对举结构的：两个字数相等或相近、结构相同、语义相反相成的语句。

(3) 名词谓语句中的谓词空位

谓词空位还与名词谓语句有关。王力（1943）在论及省略时提出一种特殊情况——似省略而非省略，其中一些是名词谓语句。王力指出，在表示"每一"或"同一"的时候，不用谓词。他说："每一物价值几何，每一人分得东西若干，都可以不用谓词表示。又二人或二物以上同在一处，或在同一情形之下等等，也都可以不用谓词表示。"下面是他所举的几个例子：

(94) 一千银子一把，我也不卖。
(95) 你家的三位姑娘，每位两枝。
(96) 便知宝玉同凤姐一车。

例（94）是关于价值的。例（95）是关于分配数量的。例（96）是关于"同一"的。王力认为这类句子"本来不用谓词"，不是省略。

我们觉得，上述三例的情况不完全相同。例（94）和例（95）中表示"每一"的小句，是语境依赖句，其语义是不清楚的，和并列空动词句一样，需要借助具体的事件性场景来恢复和重建空位谓词的意义。比如，例（94）是买卖场景，依据后一小句提供的语境，前一小句可以还原为：

(97) 一千银子买一把。

吕叔湘（1986）曾举过这么一个例子：

(98) 他说："办公社，要条件，每户一匹马，每人五百五十个大洋，拿得出来吗？"

他说："'每户'和'每人'后边都省略了动词，这个动词是'出'大概可以肯定。"尽管吕叔湘这里对省略的理解是广义的，但是至少可以说明这类句子具有可还原性，且能保证还原后语义的一致性。

因此，我们认为例（94）、例（95）这类表意"每一"的名词谓语句应是省略句，非隐含句。

例（96）这类表示"同一"的句子也具有可还原性，且能保证还原后语义的一致性。该例可以还原为：

（99）便知宝玉同凤姐坐一车。

但是，与前面两例不同的是，例（96）表示"同一"的宾语小句自身语义清楚，脱离语境也无须还原，因而应视为隐含，不是省略。

例（94）至例（96）表示"每一"或"同一"，是较为特殊的名词谓语句。根据黄伯荣、廖序东（1991），名词谓语句可分为三类：光杆名词谓语句、名词性短语谓语句和数量短语谓语句。如：

（100）今天星期五。
（101）张三黄头发。
（102）张三二十五岁了。

例（100）是光杆名词充当谓语核心的名词谓语句，这类句子一般用来说明日期、节气、处所、职业等。例（101）是名词性短语充当谓语核心的名词谓语句，这类句子一般用来说明容颜、籍贯、类属或事物的情况。例（102）是数量短语充当谓语核心的名词谓语句，这类句子一般用来说明数量、价格、年龄等。①

光杆名词谓语句几乎都可以加上"是"。名词性短语谓语句大多数也可以加上"是"。有些数量短语谓语句也可以加上"是"。那么，这些能添加谓词的名词谓语句是不是省略句呢？学界同样看法不一。黎锦熙（1924）、黎锦熙、刘世儒（1957）等从逻辑事理角度认为是省略句，李晓奇（2015）等从普遍语法角度也认为是省略句。更多的学者认为，汉语词类与句法成分没有对应关系，名词性成分也可以作谓语，因而不是省略句。我们的意见是：凡是离开语境后语义是清楚的，就不是省略句，从逻辑角度或普遍语法角度可以视为谓词隐含句［如例（100）至例（102）］；如果离开语境后语义不清楚，可以还原，且可以保证还原后语

---

① 如果考虑到第三种类型，名词谓语句改为体词谓语句也许更恰当。我们这里仍沿用成说。

义的一致性，那么应视为省略句［如例（94）和例（95）］。

（4）体词句中的谓词空位

最后再来看看体词句。我们这儿所说的体词句，是指由体词性成分构成的非由上下文制约形成的句子。先看两个例子：

（103）甲：这是什么？
乙：消毒液。

（104）今天不冷，零下1度。

例（103）是问答语境，根据问句，答句的完整形式应是：这是消毒液。例（104）后一小句承前省略了主语，完整形式应是：今天零下1度，是名词谓语句。这种由上下文制约形成的体词句毫无疑问是省略句。

下面的体词句不是由上下文制约形成的：①

（105）你听不出来了，许家能。（打电话）
（106）两张郑州。（买票）
（107）刚沏上的茶，来一碗怎么样？
（108）废话，谁不知道营养重要。

陈建民（1990）将这几例归入"主语和动词不出现的名词句"。具体而言，例（105）属于"人称代词主语和动词'是''有'不需要出现"，例（106）是"人称代词主语和动词'买''卖''给'不需要出现"，例（107）是"主语'这'和动词'是'不需要出现"，例（108）是"名词短语表示论断"。按照陈建民的说明，他似乎将体词句视为省略句。

就我们掌握的情况来看，在涉及省略或隐含的文献中，较少有学者涉及这一类现象。在涉及的学者中看法也不一致。方小燕（1989）认为例（109）省略了动作和受事，看来她将这类句子视为省略句。

（109）［外面的人敲门］
［里面的人问］谁？

---

① 例（105）—例（108）转引自陈建民（1990）。

杜道流（2000）认为，"三张天安门"是省略句。朱德熙（1982）则明确认为，体词句不是省略句。他说："省略的说法不宜滥用，特别是不能因为一个句子意义上不自足就主观地说它省略了什么成分。譬如公共汽车上的乘客对售票员说'一张动物园'，这本来是一个完整的句子（非主谓句），什么也没有省略。我们不能因为这句话离开了具体的语言环境意义不明确，就硬说它是'我要买一张上动物园去的票'这类说法的省略。"吕冀平（2000）在论及独词句时说："而名词性的词语在这种情况下则说不出它们是省略了什么。比如，'东北。'是'故事发生在东北'呢，还是'东北是故事发生的地点'？'一斤白糖！'是'我要买一斤白糖'呢，还是'你给我拿一斤白糖'？"很明显，吕冀平也否认体词句是省略句。

对这类句子是否省略句认识不一也影响到非主谓句（包括独词句）范围的确立。

我们认为，这类体词句应视为省略，理由是：

第一，这类体词句离开语境后表义不清楚。对此，不论是持省略说的学者，还是持否认省略说的学者，应该是有共识的。

第二，这类体词句具有可还原性，且能保证还原后语义的一致性。就以吕冀平所举的例子来说，"故事发生在东北"和"东北是故事发生的地点"具有语义一致性，"我要买一斤白糖"和"你给我拿一斤白糖"在买卖场景中也是同义表达。

郭中平（1957）曾在"结构完整"附注中指出："此外还有一种可能的解释，把'结构完整'理解为'此时此地能够完成达意的任务'，换句话说，不管结构多么简单，只要此时此地能够把意思说明白，就是结构完整。依照这个解释，凡是没有毛病的句子就一定不是简略句，因为它能够圆满地表达意思。一般的看法，简略句之所以算'句'，是就某一个具体句子的有达意功能说的；算'简略'，是对在任何情况下都有达意功能的一般句子的结构说的。不承认有简略句，纵使理论上并非不可通，以之解释语言现象总嫌不方便。"

黄南松（1995）曾以下面的例子来说明省略不是可有可无的：

(110) A：你去不去上海？
　　　B1：我去上海。

B2：去。

结构主义认为，既然 B2 可以和 B1 一样回答 A 的问题，那么 B2 就是一个完整的句子。黄南松指出，这一认识有很大的缺陷：

第一，仅仅描写 B1 和 B2 结构的不同，不谈二者在不同的条件下意义、功能的异同，这样的研究缺乏实用价值。

第二，如果接受"语言研究不能排除意义和功能"的观点，那么就得承认在意义和功能上 B2 = B1。从符合学的角度看，对这种形式不同而内容相同的表达式不外乎两种处理方法：

1. 使用变形法则将两者联系起来，把 B2 看成 B1 的变形，即省略式。
2. 不把 B1 和 B2 看作两个相联系的表达，而是在词典里给"去"规定两个意义：一个是"我去上海"中"去"的意义，另一个是"去 = 我去上海"。

这第二种方法根本是行不通的。

我们认同黄南松的分析。如果如朱德熙所言，"一张动物园"是个完整的句子，没有省略，那么我们就必须解释下面两个问题：

1. "一张"为何能修饰"动物园"？
2. 在意义和功能上为什么"一张动物园" = "我买一张去动物园的票"？

解决这两个问题的难度恐怕远比承认省略（包括隐含）要大得多。

陈建民认为下面的体词句是不存在谓词的句子：

（111）好大的雪啊！
（112）火！火！
（113）票！（汽车、火车、电影院常用）

陈建民认为，例（111）表示感叹，例（112）表示惊呼，例（113）表示祈使。[①]

[①] 在一些探讨非主谓句或独词句的文献中，常把这类句子视为非主谓句或独词句。比如，郭中平（1957）以《汉语》课本为基础，列出了独词句的十种类型：(1) 咏叹事物的属性的；(2) 表示事物的呈现的；(3) 说明故事发生的处所或者时间的；(4) 称呼语；(5) 应对语；(6) 感叹语；(7) 敬语；(8) 用名词表示祈使的；(9) 斥责语；(10) 象声语。

我们认为，上述三例性质不完全相同。例（111）是咏叹事物性质的感叹句。这类感叹句没有空位，也就无所谓省略或隐含，是非主谓句。例（112）是表示事物的呈现的。其实，体词句表示事物的呈现有两种情况：一种是有形事物的呈现，出现于口语中，带有吃惊的口气，如例（112）所示；另一种是无形事物的呈现，多用于剧本中，如：①

（114）足步声。
（115）更声。深巷的犬吠声。

不论是有形事物的呈现，还是无形事物的呈现，这类句子都是语境指向句，也就是说，它们的出现总是与特定的语境相联系，而有语境的作用，它们的语义是清楚的，因而，虽然这类句子有表示呈现义谓词的空位，可以还原，且能保证还原后语义的一致性，我们也不把这类句子归入省略句，而是归入隐含句。②

例（113）这类句子表示祈使需要有特定语境的支持，离开语境后自身表义不清楚，可以结合语境将呈现义谓词空位还原，且能保证还原后语义的一致性，因而我们认为这类句子应视为省略句，不应视为独词句。例（113）还原后的句子可以是：

（116）请出示你的票！

3. 关联词语空位隐含问题

以往的涉及隐含的文献所指出的隐含成分基本上都是实词性成分，张国宪（1993b）却提出了"关联词语的空位隐含"。他说："隐含是由句法格式的紧缩而形成的一种语言现象。由于比较短的分句在口语中常常出现紧缩的形式，因而使得口语里有些句式隐含着关联词语。"他举了以下三个例子：

（117）我们不见不散。

---

① 以下两例转引自郭中平（1957）。
② 黎锦熙（1924）认为"火！"省略了谓词"起"。我们以为不妥，如果要还原的话，可以是"有火！"

(118) 时间再紧也要保证质量。

(119) 小孙不高不低（，中等身材。）①

张国宪认为，例（117）隐含着"如果……就……"例（118）隐含着"即使"或者"无论"，例（119）隐含着"既……又……""尽管这些关联词语在理解句义时要添补上去，但在实际表达的时候并不需要出现"。

张国宪认为，隐含或具有隐含成分的确定性，或具有隐含成分补回后结构的合法性，二者只居其一，且"隐含是句子的结构所固有的，是语言表达上的一种自然现象，属于语义学的范畴"。

从张国宪对隐含的认定看，上例三例似乎也不宜认为存在关联词语的隐含现象，因为：

第一，根据张国宪对省略和隐含的认识，上述例子不具有隐含成分的确定性，那么只能认为上述例子具有隐含成分补回后的合法性。既然有"补回后的合法性"，又认为"在实际表达的时候并不需要出现"，有矛盾之嫌。

第二，什么样的结构致使上例出现隐含呢？关联词语恐怕与结构无关，且关联词语出现与否也不是语义学讨论问题。

Blakemore（1987）指出："语言形式不仅可以编码被推理运算的概念表征的成分，而且可以编码对运算进行制约的信息。也就是说，语言形式既可以编码概念信息（conceptual information），也可以编码程序信息（procedual information）。"

Blakemore（2002）举了下面的例子来说明程序编码：

(120) (a) Tom can open Ben's safe.
(b) He knows the combination.

a 和 b 的关系可以有两种理解：第一种理解，a 表达的命题是前提，b 表达的命题是结论；第二种理解，a 是以 b 为前提推出的结论。语言形式可以编码程序信息意味着说话人可以运用恰当的语言形式来准确表达他想

---

① 我们认为该例似乎不宜看作紧缩复句。

表达的意义。如：

(121) Tom can open Ben's safe. So he knows the combination.

(122) Tom can open Ben's safe. After all, he knows the combination.

Blakemore 将语言形式所编码的信息分为概念信息和程序信息有重要的意义。在很多情况下，虚词所编码的正是程序信息。我们认为，如果一程序信息在句法上应该出现而由于某种条件的允准未出现，应视为省略；如果一程序信息出现与否与句法无关，语义上有而未出现，应视为隐含。因此，尽管我们和张国宪对隐含的认识不尽相同，但对例（117）至例（119）的认识是一致的，都认为这三例隐含着关联词语。

4. 我们对隐含性质的认识

以上我们总结了前辈时贤对隐含的认识，因为缺乏一致的看法，且没有判断隐含的具体可操作标准，我们又针对若干可能与隐含有关的现象①谈了我们的看法。下面就谈谈我们对隐含的认识。

（1）关于达意功能

郭中平（1957）指出："断定结构完整不完整，辨别简略与非简略，标准是单个句子的有无达意功能。"有无达意功能就是看某一个句子脱离语境能不能圆满地表达意思。其他学者有一些类似的提法。吕叔湘（1979）提出省略的两个限制条件，第一个是一个句子脱离语境后意思不清楚。苗杰、张学成（2004）后来将吕叔湘的这个条件称为明确性。郑远汉（2000）提出了表述任务的说法。

郑远汉没有界定何为表述任务。我们认为，在语境中，不是是否省略，是否隐含，能传情达意的句子都有一定的表述任务。如果脱离语境，一个句子是否有表述任务则缺乏判断标准。因而我们不取该说法。吕叔湘的"意思清楚"的提法影响较大。我们觉得"意思清楚"本身似乎意思不清楚，难以判断。比如：

(123) 开这个车。

---

① 公认是隐含的现象自不必赘述，我们探讨的具体现象大多是学者们看法不一的。

(124) 开车了。

(125) 他明天来开这个车。

例（123）一般认为是省略句，"开"的施事省略了，意思不清楚。例（124）一般认为是非主谓句，表示出现了"开车"这一新情况，但似乎也可以说意思不清楚：谁开车？开什么车？例（125）一般认为是完整句，但同样可以说有意思不清楚的地方："他"指谁？"明天"是哪一天？"这个车"是什么样的车？

相比较而言，我们觉得郭中平的"达意"说更好一些。我们这里所说的达意，是指语境指向句或一个脱离语境的句子能够表达一个相对完整的意思。通过上面的分析可以看出，一般而言，隐含句都具有达意功能，下面两例也是这样：

(126) 我去办公室把材料拿来。

(127) 甲：咱们明天再回去吧。

乙：好。

例（126）是连谓句，"拿来"的施事"我"隐含了。连谓句是公认的隐含句，达意功能明显。例（127）中的"好"表示同意、赞许。此种用法的"好"作为应答语，总是指向应答语境，是典型的语境指向句。作为语境指向句的"好"具有达意功能。

只有极少数的隐含句不具有达意功能。如：

(128) 我都不是他对手，何况你呢？

(129) 别说你了，我都不是他对手。

需要指出的是，具有达意功能并不一定保证句子是单义的。如：

(130) 不要将茶叶倒入手盆中！

(131) 购物请排队！

例（130）和例（131）是祈使句。祈使句是语境指向句。不过该例可以指向两种语境：一种是作为公示语，指向不特定的看到该标示语的人；另一种是作为日常交流的命令句，指向确定的受话人。不论是哪一种情况，该句都能表达相对完整的意思。

（2）关于可还原性

关于还原性问题，学者们早已论及。郭中平（1957）指出略去的部分要补"就能肯定地补出来"，否则不是简略句。吕叔湘（1979）更是提出不仅要能添补，而且添补的词语只有一种可能。郑远汉（2000）认为："话语省略的成分，可以凭借话语环境召回，具有可召回性。"范开泰、张亚军（2001）指出："省略是句法结构成分的省略，因此句法上具有可还原性，即存在着相应的'完整式'；省略式与相应的完整式在语义上完全同一。"

在这些提法中，吕叔湘的提法影响最大，但我们认为该提法限制过严，① 因而不取。可还原性是国外探讨省略的文献中较为通行的说法，也是 PF 删除说的重要论点。我们这里采用可还原性（recoverability）这一提法。

许多隐含句，特别是狭义的隐含句，在句法上不具有可还原性。如：

（132）下面我们请刘老师给大家做报告。

（133）《红楼梦》我读过了。

例（132）属狭义的施关淦等所说的由句法格式紧缩而形式的隐含句，"请"的受事和"报告"的施事都是"刘老师"，隐含了一个，还原后在句法上不可接受。例（133）是由于句法移位而形成的隐含句，隐含的成分是确定的，但同样在句法上不可还原。下面是上两例还原后的不可接受的句子：

（134）*下面我们请刘老师刘老师给大家做报告。

（135）*《红楼梦》我读过《红楼梦》了。

有些隐含句在句法上可以还原，但在语用上不具有可还原性。如：

---

① 在下面探讨省略的判定标准时再详细说明这一点。

(136) 不到长城非好汉。
(137) 上车饺子下车面。

例(136)是泛指名词性成分隐含。例(137)是并列空动词句,既有谓词隐含,也隐含着不定指名词性成分。这两例隐含的成分也是确定的,在句法上可以还原。如:

(138) 一个人不到长城,他非好汉。
(139) 人们上车吃饺子,人们下车吃面。

但这只能算作解释性的说明,因为还原后就不再是习语了。习语已定型化,在语用上不具有可还原性。

另有些隐含句在句法、语用上都可以还原,但隐含成分说话人不能确定,因而不能保证还原前后语义的一致性。如:

(140) 张三被打了。
(141) 打铃了,赶紧上车。(火车停靠车站,两乘客在火车站的站台上抽烟)

这两例"打"的施事是确定存在的,但说话人不能确定是谁,因而无法还原,否则不能保证还原前后语义的一致性。试比较例(140)和例(142)、例(141)和例(143)。①

(142) 张三被李四打了。
(143) 李四打铃了,赶快上车。

还有些隐含句不仅在句法、语用上都可以还原,而且隐含情况是确定的,能保证还原前后语义的一致性。如:

---

① 对例(140)而言,说话人可能知道打张三的人,但不便指出或不想指出。此时若还原,也将失去"不便指出""不想指出"的意思。

(144) 树下面一排帐篷。

(145) 她比以前可漂亮多了。

例（144）是谓词隐含句，所隐含的谓词表"存在"。例（145）是比较句，比较句都需要有比较点，该例所隐含的比较点是说话的时间。上例两例可以分别还原为：

(146) 树下面有一排帐篷。

(147) 她现在比以前可漂亮多了。

这类句子具有可还原性，但因自身具有达意功能，不具有还原的必要性。

综上所述，在达意功能方面，绝大多数隐含句都具有达意功能，只有极少数隐含句自身不具有达意功能。在可还原性方面，大多数隐含句的隐含成分是确定的，但这些隐含成分或在句法上不可还原，或在语用上不可还原，或不具有还原的必要性，也有少部分隐含句的隐含成分是不确定的，不能保证还原前后语义的一致性。简言之，大多数隐含句不具有可还原性，少部分隐含句具有可还原性，但不具有还原的必要性。

（三）省略和隐含

1. 省略和隐含的差异

省略和隐含都是"意思里有而话语里不出现"的现象，性质上很相近。正因为如此，吕叔湘（1979）先是指出隐含这个概念很重要，而后吕叔湘（1986）又认为，二者有时候很难区分，又退回到了广义的"省略"观。我们认为，区分二者是有价值的。二者至少有以下几点差异。

一是达意功能不同，二者有明显差异。绝大多数隐含句都具有达意功能，只有极少数例外，而大多数省略句都不具有达意功能，少数有达意功能。隐含句的情况上面已有说明，不再赘述。下面是几个省略句的例子：

(148) 他连忙爬起来，穿好衣服，追了出去。

(149) 我明天不去了，你呢？
(150) 我给他送一面包。
(151) 甲：你对这件事有意见吗？
　　　乙：我没意见。

例（148）中后两个小句的主句承前省略了，它们自身都不具有达意功能。例（149）中后一小句的谓语也承前省略了，单独说"你呢"会让人觉得不知所云。根据现代汉语句法规则，数词修饰名词要在数词后加上量词。据此，可以认为例（150）"一"后省略了量词，但该例具有达意功能。例（151）乙的答句是个主谓结构，具有达意功能，但根据平行性原则，我们认为乙的答句承问句省略了状语"对这件事"。①

有达意功能的省略句较为少见，主要有两种类型：一种是像例（150）那样省略的是语义上较虚的成分，因为语义较虚，一般而言不影响句子达意功能，这类成分的省略往往是依据句法规则确定的；另一种是像例（151）那样省略的是附加成分，一般而言省略附加成分不影响句子的达意功能，这类成分的省略往往是依据平行原则确定的。

二是可还原性不同。省略的成分是确定的，必须可以还原，还原前后语义具有一致性。隐含的成分大多也是确定的，但这些成分或者不具有可还原性，或者不具有还原的必要性，另有少数隐含的成分是不确定的，自然也就不具有可还原性。

三是语境敏感性不同。除依据句法规则确定的省略外，大多数省略句的生成和理解都离不开前言后语、情景等语境因素，对语境敏感，句义因语境不同而不同。而除语境指向句外，绝大多数隐含句的生成和理解不需要语境因素的参与，对语境不敏感，一般而言不会因语境的不同而不同。②

四是根本性质不同。因为省略的动因是为了经济、简洁、强调及省略对语境敏感，因而省略当是语用平面的问题。因为隐含对语境不敏感，有

---

① 传统语言学认为省略小句和先行句往往具有一致的结构，这就是平行性原则。在相关研究中，有学者提及平行性原则，但似乎没有学者给予明确界定。转换生成语言学中有所谓的结构一致性假设（structural uniformity hypothesis），和传统语言学中的平行性原则的精神是一致的。

② 少数语境指向句具有多义性，会因语境变化而变化。

意义而无形式，因而当是语义平面的问题。①

五是对句法分析的影响不同。省略对句法分析有影响，在对省略句进行句法分析时，应将省略句还原为完整句再进行分析，正因为如此，"吃过饭了"是省略主语的主谓句，不是非主谓句。而除了习用化形成的隐含外，绝大多数隐含对句法分析没有影响，应对隐含句直接进行句法分析，正因为如此，"今天星期一"是名词谓语句，而不必说是省略了谓语动词的主谓宾句。

2. 省略、隐含区分的意义

吕叔湘（1979）说："关于省略，从前有些语法学家喜欢从逻辑命题出发讲句子结构，不免滥用'省略'说，引起别的语法学家的反感，走向另一个极端，说是只要说出来的话能让人懂，其中就没有任何省略。要是平心静气来考虑，应该说有省略……"这段话至少有两个意思：一是否认省略不可取；二是滥用省略也不可取。

我们完全认同吕叔湘的上述看法。在我国，小学阶段就以"兼言""省文""省笔"等对省略或与省略相关的现象进行了探索，第一部语法学著作《马氏文通》明确指出了九类省略现象，之后学者们的探讨从未间断。根据黄南松（1995），从 Antoine Arnauld 和 Claude Lancelot 合著的 *General and Rational Grammar*（一般译为《普遍唯理语法》）始，传统语法、转换生成语言学、系统功能语言学等都承认省略现象，并基于各自的理论对省略进行了探讨，只有美国结构主义是个例外，这与该理论回避意义、重形式描写有关。因此，不论国内国外，省略研究都有悠久的传统，语言研究发展到今天，强调形式和意义相结合，否认省略将付出我们难以承受的代价。

滥用省略同样不可取。郭中平（1957）指出，确定省略要以"现实语言的结构完整"为标准，而不能以"理想语言的结构完整"或"逻辑语言的结构完整"为标准，"不能把现实语言中不需要的看作需要"。张静（1987）在介绍完黎锦熙、刘世儒（1957）的省略情况后指出："我们也觉得这个范围太大了，大到了非常不切实际的程度。"其实，一些学者

---

① 不论是省略还是隐含，都有一些是由句法规则决定的。由句法规则决定的省略句见例（148）。下面是由句法规则决定的隐含句："你吃得，为什么我吃不得？"根据可能补语的构成规则，"吃得"当是"吃得得"隐含的结果。这类现象也可视为句法平面的问题。

之所以认为黎锦熙（1924）、黎锦熙和刘世儒（1957）等滥用省略，很大程度上就是因为他们没有区分省略和隐含，把隐含现象都视为省略现象。下面是几个黎锦熙、刘世儒（1957）举的例子：

(152) 太阳当顶照着。
(153) 娘真是！英梅笑了。
(154) 人比江河强了二百倍。

二位作者认为，例（152）所省的"照"的宾语是泛指时空；例（153）省略了批评意见；例（154）省略了"力量"。

按照我们对隐含的认识，例（152）隐含了无指名词性成分；例（153）隐含了谓词性成分；例（154）隐含了比较专项（special comparative item）。①

由此可见，要避免滥用省略，必须区分省略和隐含。正如吕叔湘（1979）所指出的"隐含这个概念很有用"。可是，一方面省略和隐含都是"意思里有而话语里不出现"的现象，性质上很相近；另一方面省略还可能转化为隐含。②

因而二者长期纠葛不清。有空位而句法上不可还原的是隐含，对此大家基本上能有共识，但语用上不可还原的、还原成分不能确定的、没有还原必要性的等是省略还是隐含，大家的认识就比较模糊了。吕叔湘在指出隐含这个概念很有用七年后也认为二者有时候很难区分，又退回到了广义的"省略"观（吕叔湘，1986）。我们沿着前辈时贤指引的方向较为深入地探讨了隐含的性质、隐含和省略的差异等，希望有助于学界更清晰地把握省略和隐含，推动相关研究的深入开展。同时，我们认为，何为省略？

---

① 比较专项一般由属性名词充当，在句中通常不出现，因为句中其他成分提供的信息足以使之隐含。关于比较专项，请参考刘焱（2004）。上述三例都具有达意功能。

② 有些隐含可以认为是由省略转化而言的。如前面的例（79）"何况"句和例（92）"你一言，我一语"。例（79）由用法上的谓语省略发展为句法上的强制删除，印证了"今天的句法就是昨天的用法"的功能主义的信条。例（92）不可还原是习语化结果。祝克懿（1987）、张国宪（1993b）等认为"下雪了""打雷了"也是由省略发展而言的，因为过去认为有"老天爷""雷公"这类的施事。我们认为此说欠妥，因为不论过去还是现在，"下雪了""打雷了"都具有达意功能，且"老天爷下雪了""雷公打雷了"的说法都很少见。

何为隐含？对形态丰富的语言而言，判断起来也许不是一件困难的事，但对汉语这样形态不丰富的语言而言，并不轻松，科学区分二者有普遍的类型性上的意义。① 更简句法没有科学区分省略和隐含，用隐含现象来批评PF删除说和LF复制说，为自己立名，显然欠妥。空语类是生成语言学的一个重要概念，它基本可纳入隐含范畴来讨论。

---

① 即使对形态丰富的语言，隐含也是很有意义的。

第三章　省略的判定标准

赵世举（1999）指出："什么叫省略？仁者见仁，智者见智，至今尚无一个为大家公认的界定。其中的关键问题就是省与不省的标准问题。"这个说法是很中肯的。

一　已有观点评析

对省略的性质看法不一，省略的范围特别是省略与隐含的关系长期没有厘清，这些自然会对省略的判定产生影响。就我们掌握的情况看，关于省略的判定标准，学界主要有六种观点。

（一）逻辑事理标准

以逻辑事理来判定省略与否的首推黎锦熙。黎锦熙（1924）认为，一个句子在逻辑事理上"照理"应该有的成分在句子中没有出现，这个句子就不完整，就有所省略。后来，黎锦熙、刘世儒（1957）也持相同的认识。

以逻辑事理为标准得出的省略范围很大。下面是几例黎锦熙（1924）所举的例子：

(1) 不许喧哗！
(2) 这酒太淡。
(3) 我的心像水似的。

黎锦熙认为，例（1）省略了主语"我"或"我们"、兼语"你"或"你们"，例（2）的完整形式是"这酒的味太淡"，例（3）的完整形式是"我心里的干净像水似的"。

省略范围如此之大，多数学者难以接受，有滥用省略之嫌。这种认识本质上混淆了语言和逻辑。郭中平（1957）早就中肯地指出："以为句子应该有逻辑的完整性，否则就是简略，这种看法正是这样：误解了逻辑，因为逻辑并没有决定语言如何表达的能力；也误解了语法，因为臆想为数不少的分明能够圆满地表达意思的句子并不能圆满地表达意思……根据这样的语法把简略句的范围尽量扩大，当然是不必要的。"

（二）出现频率标准

提出频率标准的是王力。王力（1980）说："我们谈省略法，首先要避免主观主义。譬如先假定某一个句子成分'照理'是应该有的，哪怕它经常不出现，甚至从来没有出现过，也硬说它是被省略了，那就是主观的看法。因此，我们认为被省略了的东西，必须是在正常的情况下经常出现的，至少是出现和省略的机会差不多相等。"谈省略要避免主观主义，这是正确的。"从来没有出现过"的可能是隐含，绝不可能是省略。但省略的东西其省略的机会不能高于出现的机会这个频率标准值得商榷，原因有两个：一是一成分省略的机会和出现的机会如何考察？如果谈及一成分的省略首先要运用语料库对该成分的隐现情况进行定量统计，恐怕不是一个可取的办法，况且语料的类型、数量等还可能对考察结果产生影响，具有一定的不确定性；二是即使作了科学的定量考察，一成分隐去的频率高于其出现的频率，就不是省略吗？恐怕未必。下面两例是王力所举的例子：

(4) 公谓公孙枝曰："夷吾其定乎？"对曰："臣闻之唯则定国。"（《左传·僖公九年》）

(5) 以告遂使收之。（《左传·宣公四年》）

王力认为，"对曰""遂使"之前省略了主语，但在该节却指出"上古第三人称不用于主格，同时也就是不用于主语，凡是现代汉语需用主语'他'或'他们'的地方，在上古汉语里就只用名词来重复上文或者省略了主语"。这便与其提出的频率标准相矛盾。正因为如此，王力也承认："在上古汉语里，某些结构，在某种程度上可以认为省略。但是，这种解释也不能是绝对的，因为'省略'比不省略的情况更为常见。"

（三）句法标准

在汉语学界，首先明确以句法标准来判断省略与否的是朱德熙。朱德熙（1982）说："所谓省略指的是结构上必不可少的成分在一定的语法条件下没有出现。"之后，张静、范开泰和张亚军等也持句法标准。张静（1987）说："根据句法的需要，应该有主语、谓语、宾语（包括少数介词后面的宾语）等成分的句子，在一定的语言环境中，为了经济明快，而省略其中的一个或两个成分，或者只省略某个成分的中心语……才叫句子成分的省略……附加成分……一般都没有什么省略可说……"范开泰、张亚军（2000）说："句法成分的省略是汉语中的一种常见的现象，但省略的认定必须有一个句法的标准：只有那些句法结构上必不可少的成分没有出现才是省略；不把省去的部分补上句法结构就不完整，或者虽然句子也能成立，但已不是原来所要表达的意思了。"

朱德熙没有详细说明汉语中"结构上必不可少的成分"有哪些。他只举了量词空位和可能补语"得"空位的例子，明确指出"一张动物园"不是省略句。张静从句法上将省略成分限定为主语、谓语、宾语和"的"字结构的中心语，明确否认附加成分存在省略现象。范开泰、张亚军同样没有说明何为"结构上必不可少的成分"，二位作者举了主语、谓语中心语和介词省略的例子，明确否认宾语、定语和状语存在省略现象。

由此可见，尽管都以句法标准来判定省略，但结果相去甚远。之所以如此，与学者们对句法规则的认识不一致有关。举个例子，如果认为"主—谓—宾"是汉语的句子结构，那么只要上述成分应出现而未出现就是省略，其他成分不存在省略问题；如果认为"主—谓"是汉语的句子结构，那么只有这两个成分存在省略问题，其他成分都不存在省略问题；如果认为汉语句子没有自己特定的结构规则，那么任何句法成分都不存在省略问题。可见，对句子结构的认识不同，对句法成分省略的认定就不同。当然，这并不是说学界对句法规则没有一致的认识。有些情况大家应是有共识的。如：①

---

① 例（6）转引自朱德熙（1982），例（7）转引自范开泰、张亚军（2000）。

(6) 桌上搁一电视。

(7) 前一篇是由小张、后一篇是由小王根据录音整理的。

现代汉语数词一般不能直接修饰名词，需要先跟量词结合再修饰名词。据此可以判定例（6）省略了量词。例（7）如果不判定"小张"后省略了"根据录音整理的"，那么就无法进行句法分析。

句法标准的前提是对句法规则有一致的认识，否则是否省略将见仁见智。王力（1944）曾指出："就句子的结构而论，西洋语言是法治的，中国语言是人治的。"西方语言句法规则相对比较明晰，因而较适宜运用句法标准。汉语注重意合，句法标准的效力远不及西方语言。

（四）深层语义标准

王维贤率先将省略与深层语义结构联系起来。王维贤（1985）说："就句子的深层语义结构同表层句法结构的关系讲，有三个不同层次的省略：意念上的省略、结构上的省略、交际上的省略。"王维贤指出，意念上的省略属于语义平面，结构上的省略属于语法平面，交际上的省略属于语用平面。如此看来，意念、结构和交际更像是三个平面，而基本与深层结构、表层结构无关。

方小燕（1989）指出："语义结构成分表达成为句法结构成分，叫做投现。""成分省略的性质就是语法允许投现的语义结构成分没有投现。"赵世举（1999）也持有类似看法："省略句之省，是相对于自身的与其深层语义结构相应的句法结构而言的，并非相对于其他句子而言的。这就是省略的实质和参照。"

根据方小燕和赵世举，判断一个句子是否存在省略需要三步：首先，根据该句子在语境中的意义确定深层语义结构；其次，根据转换规则确定从该深层语义结构转换而来的完整的表层句法结构；最后，将要判断的句子与拥有完整的句法结构的句子进行对比，所缺少的成分就是省略。下面是赵世举（1999）所举的一个例子：

(8) 七月在野，八月在宇，九月在户，十月蟋蟀入我床下。

根据下文，"在野""在宇""在户"的当事是"蟋蟀"，根据汉语转

换规则,该例完整的句法结构应是:

(8a) 七月蟋蟀在野,八月蟋蟀在宇,九月蟋蟀在户,十月蟋蟀入我床下。

对比例(8)和例(8a),即可得出例(8)"在野""在宇""在户"省略了主语"蟋蟀"。

对例(8)这样的句子运用该标准来判定没有问题,但下面几个例子似乎就没这么容易判定了:

(9) 蛇!(在路上行走,突然惊呼)
(10) 窗外满眼盛开的桃花。
(11) 开车了!
(12) 留得青山在,不怕没柴烧。

例(9)一般认为是独词句,属于非主谓句,但根据深层语言转换而来的完整句似乎可以是"有蛇"。例(10)一般认为是名词谓语句,但根据深层语言转换而来的完整句似乎可以是"窗外是满眼盛开的桃花"。例(11)"开"得有个施事语义才完整,因而根据深层语言转换而来的完整句似乎可以是"司机开车了"。例(12)"留"的施事和"怕"的感事也未出现,根据深层语言转换而来的完整句似乎可以是"一个人留得青山在,他不怕没柴烧"。总之,上述四例都是省略句。

我们认为,上述四例都是隐含句,而非省略句。该标准可操作性不强,运用该标准将会和运用逻辑事理标准一样,扩大省略的范围。

(五) 完整式标准

王力是汉语学界第一位对省略进行界定的学者。王力(1944)说:"凡比平常的句子形式缺少某部分者,叫做省略法。"这里,王力将省略句与"平常的句子形式"进行对比,以确定省略。"平常的句子形式"即是非省略句、完整的句子。此后,郭中平、郑远汉等也都有类似的思想。郭中平(1957)将省略句称为"简式",将与省略句相对的结构完整的句子称为"常式"。郑远汉(1998)也将省略句称为"简式",将与省略句相对的结构完整的句子称为"繁式"和"严式"。① 但不论是王力，还是郭中平、郑远汉，都没有进一步说明如何确定"平常的句子""常式""繁式"和"严式"。

黄南松和杜道流将"完整式说"往前推进了一步。黄南松（1995）说："从语法理论的角度看，当我们说某一表达式 e 有省略时，一定是相对另一个我们认为没有省略的表达式 F 而言，这个 F 是某种语言的语法模型中最基本的造句模式，因为 e 和它相对缺少了一些东西，所以说 e 是省略式。也就是说，理论上，省略是受基本式 F 如何来决定的。汉语里句子的基本式是什么？目前还只能就下列意见基本达成一致：基本式应是各种必需的句法成分完整、谓词的必要论元齐全的句式。"

在论述完基本式后，黄南松还提出了具体的校验公式：

1. 在 A、B 两式中，A 包含 B，并且同时具有 B 所无的成分。

2. 在一定场合，A、B 两式各自以整体面目出现时，它们所传达的信息量相等（或者说使用价值相同）。

如果上例两条均符合，那么 B 就是 A 的省略式。

杜道流（1997）则指出："省略形式是相对于完整形式而言的。所谓'完整形式'是指在通常的情况下，表达一个完整意义所应该具备的形式。""也就是说，每个言语的句子都有一个相应的表层结构的句子，如果言语句和这个表层句相对照缺少了某个部分，那么这个言语句便是省略句。"

由此可见，虽然都以完整式为标准来判定省略，但对完整式却持有完全不同的理解：黄南松的"基本式"是对一语言中的所有句子而言的，而杜道流的"完整形式"是针对特定的省略句而言的。

我们认为，不论是黄南松的"基本式"，还是杜道流的"完整形式"，在具体运用中都缺乏可操作性。如：

(13) 他赶紧起床追了出去。
(14) 他家孩子去年被撞断了两根肋骨。
(15) 你一言，我一语。

---

① 郑远汉未明确界定何为"繁式"何为"严式"，从他所举例句看，似乎"繁式"是指还原后语用失当或追求特别的修辞效果的句子，而"严式"是指还原后句法和语用都可以接受的句子。

(16) 他后面好像跟着一人。

例（13）以黄南松的"基本式"来判断，应该是省略句，因为"起床"的必要论元未出现；以杜道流的"完整形式"来判断，该例应该是完整形式。例（14）以黄南松的"基本式"来判断，也应该是省略句，因为"撞"的施事论元未出现；以杜道流的"完整形式"来判断，是否省略难以断定。例（15）难以用黄南松的"基本式"来判断，因为没有谓词，谈不上论元问题；以杜道流的"完整形式"来判断，似乎是省略了谓词"说"或"来"。例（16）以黄南松的"基本式"来判断，应该不是省略句，因为论元结构完整；以杜道流的"完整形式"来判断，难以确定是否省略。我们认为，例（13）、例（14）和例（15）都是隐含句，不是省略句，例（16）是省略句。

在实际的语言生活中，类似上述例子的情况还有很多，特别是遇到虚词省略和附加成分省略更加难以判断。

此外，黄南松在校验时认为，省略句和非省略句使用价值相同的观点也值得商榷。郑远汉（1998）之所以区分"简式""繁式"，恐怕就是因为二者使用价值不同。下面是郑远汉举的一个例子：

(17) 我因为有一位族兄和一位本家在汉口，搞文明戏和小报，我冒着危险，借了一笔川资到汉口去。

该例有语病，第一个"我"应删去。可见，省略与否，使用价值可能不同。郭中平（1957）也曾指出："有语言环境的帮助，语言可以用简式而不用常式，也宜于用简式而不用常式。"

（六）语用标准

首提语用标准的是郭中平。郭中平（1957）说："断定结构完整不完整，辨别简略与非简略，标准是单个句子的有无达意功能。这样，实际运用这个标准的时候，我们就可以：第一，看看某一个句子从语言环境里抽出来，还能不能圆满地表达意思，能表达的不是简略，不能表达的是简略……第二，简略句略去的部分……所以要补就能肯定地补出来；如果不能肯定地补出来，就不是简略句。"

后来，吕叔湘进一步明确郭中平的这一思想。吕叔湘（1979）在论及省略时提出了"二条件论"："要是平心静气来考虑，应该说是有省略，但是有条件：第一，如果一句话离开上下文或者说话的环境意思就不清楚，必须添补一定的词语意思才清楚；第二，经过添补的话是实际上可以有的，并且添补的词语只有一种可能。"

邵敬敏（1991）则认为语义是否清楚、完整比较模糊，难以掌握。他提出了"三条件论"：

一是这种言语现象是由上下文或语境条件制约而造成的。

二是由于上下文或语境的提示，所省略的成分是确定的、必补的。

三是补出省略成分后，句子意义不变。

邵敬敏的"三条件论"虽然比吕叔湘的"二条件论"多了一个条件，但条件一谈的其实是省略的性质，不宜视为判断标准，条件三是条件二的应有之义，因而"三条件论"其实是提出了判断省略的可还原标准。

吕叔湘的"二条件论"指出了判断省略的两个标准：语义非明确性和可还原性。这两个标准契合省略的语用性质，具有一定的可操作性，因而影响较大。施关淦（1994）、徐思益（2000）、苗杰、张学成（2004）等都认同"二条件论"。

我们大体认同"二条件论"，但作为判定标准，仍存在需要调整完善之处，比如对可还原性限制过严、未考虑到语境指向句、未考虑到结构习用性等。正因为存在这些问题，未能有效将省略和隐含区分开来，以致吕叔湘虽认为隐含这个概念很重要（吕叔湘，1979），七年后却又混淆了省略和隐含，提出了广义的省略（吕叔湘，1986）。

以上我们总结学界关于省略判定标准的六种看法。这六个标准都有其合理的一面，也都存在着不足。正如赵世举（1999）指出的："不少学者提出了不同的标准，虽然各有见地，但用诸语言分析（无论是分析现代汉语还是古代汉语），都会遇到一些疑难和障碍，很难贯彻到底，使人感到缺少准定，无法把握。"

二 我们的认识

（一）句法标准

尽管省略是语用性质的，但毕竟省略的是语言结构的成分，因而与句法脱不了关系。如果根据句法规则,"结构上必不可少的成分"在一定条件下未出现,而句子仍具有可接受性,那么就可以认为是省略了该成分。如:

(18) 他中午就吃了个面包。
(19) 他早晨从北门进园,南门出去;晚上从南门进园,北门出去。①

根据现代汉语的句法规则,数词、量词一般都不可以单独修饰名词性成分,数词和量词要先组合为数量短语,方可修饰名词性成分。据此,可认为例(18)省略了数词"一"。例(19)中的"南门""北门"作为处所名词同样不可直接修饰谓词性成分"出去",需要通过引入源点的介词引入,因此该例应视为介词省略。

既然是"结构上必不可少的成分",却又未出现,显然不是常例,需要一定的条件。比如,例(18)这样的数词省略至少需要满足三个条件:第一,省略的数词只能是"一";第二,省略只能发生在宾语位置;第三,数词不能是焦点成分。对这类省略而言,省略限制条件是需要认真深入加以研究的。不过,不论是否弄清楚了省略的限制条件,对于省略现象的判定而言,句法标准都是优选的标准,简单明了,可操作性强。②

(二) 可还原标准

省略具有可还原性,省略成分应是可还原的。对此,郭中平(1957)、吕叔湘(1979)、邵敬敏(1981)、范开泰和张亚军(2000)等多位学者都曾论及,但未全面展开说明。我们认为,可还原性具体包括三方面的内容:还原的必要性、还原的可能性和还原结果的一致性。

吕叔湘的"二条件论"其实涉及了还原的必要性:一句话脱离语境

---

① 该例转引自洪心衡(1981)。
② 国外的一些生成语言学家对省略得以发生的条件进行了一些探讨,提出了允准(licensing)理论。简单地说,允准理论认为省略要发生需要满足两个条件:一是要有省略允准核心(licensing head),二是省略部分的省略特征(e-feature)要和省略允准核心有一致关系。关于允准理论,可参考李晓奇(2015)的介绍。允准理论只适用于一些有先行词的省略现象,似乎并不适用于上面的例子。

后不还原意思就不清楚，不具有达意功能。这类例子很多。如：

(20) 每当我捧起它，就不由得回想起那激动人心的往事。
(21) 甲：电影怎么样？
　　　乙：很好看。

例 (20) 中脱离前面的状语，后面的小句不能表达相对完整的意思，不具有达意功能。例 (21) 中的答句也是如此。这类情况需要还原。

还原的必要性绝不限于此。有时，一句话脱离语境后不还原虽具有达意功能，但意思可能发生变化。如：

(22) 冬季南北温度悬殊，夏季相差不大。
(23) 进城以后老张几次亲自做对虾，装满大饭盒，给我母亲送来。老伴病了，老张也到医院看望。①

例 (22) 中的后一小句单独拿出来，具有达意功能，但"夏季"变成了主语，句义发生了变化。例 (23) 中的"老伴病了"单独拿出来也具有达意功能，但意思可能变为"老张的老伴病了"。

我们认为，类推是人的基本能力，类推能力在语篇建构上的体现就是一致的语义关系倾向于使用一致的句法结构，即句法结构具有平行性。张静（1987）、范开泰、张亚军（2000）等都明确指出附加成分不存在省略问题。我们不认同这种观点，因为有时附加成分不还原会影响句法结构的平行性。如：

(24) 全县第一个大画家是季陶民，第一个鉴赏家是叶三。②

(25) 甲：你对她有意见吗？
　　　乙：我没意见啊。

例 (24) 前后两个小句的语义关系完全一致，句法结构上除后一小

---

① 该例转引自范开泰、张亚军（2000）。
② 该例转引自范开泰、张亚军（2000）。

句句首缺少定语"全县"外，也完全一致，后一小句不还原"全县"影响了两小句句法结构的平行性。答句和问句句法结构上具有平行性，例（25）的答句不还原"对她"会对问句和答句的平行性产生影响。

还原的必要性还体现在使语言现象符合句法规则上。上面的例（18）和例（19）就是如此。

还原的可能性是指还原具有合句法性。省略是"意思里有而话语里不出现"，但并不是所有"意思里有而话语里不出现"的现象都是省略。如：

(26) 他去超市买了一袋水饺。
(27) 他还走不动，何况你呢？

例（26）"买"的施事是"他"，但不能还原。例（27）后一小句的意思是"你怎么走得动呢"，但同样不能还原。下面两例是还原后的句子，都是不可接受的：

(26a) *他去超市他买了一袋水饺。
(27a) *他还走不动，何况你怎么走得动呢？①

还原具有合句法性，还原后的句子才具有可接受性，但并非具有合句法性就是"实际上可以有的"。如：

(28) 你一言，我一语。
(29) 上车饺子，下车面。

如果要还原的话，上述两例可分别还原为下面的例（28a）、例（29a）：

(28a)? 你说一言，我说一语。
(29a)? 上车吃饺子，下车吃面。

---

① 黎锦熙（1924）认为例（27）是省略句，例（27a）是例（27）的完整形式。

例（28a）、例（29a）在句法上没有问题，可是在现实生活中，人们很少这么说，这是因为例（28）和例（29）具有习语性质。既然具有习语性质，自然结构就具有定式化的倾向，一般不宜进行表达成分的增删。

类似的情况经常出现在诗歌、骈文等的表达中。诗歌和骈文中的一些表达有韵律、字数等的限制，不能增删。如：①

(30) 妾心藕中丝，虽断犹牵连。（孟郊《去妇》）
(31) 雨中黄树叶，灯下白头人。 （司空曙《喜外弟卢纶见宿》）

这两例如果还原的话，可以是：

(30a)？妾心如藕中丝，它虽断犹牵连。
(31a)？雨中有黄树叶，灯下有白头人。

还原后在句法上没有问题，可诗的韵味荡然无存。

这类现象可称为省略的固化：虽具有还原的可能性，但因结构定式化等特殊原因不宜或不能进行还原。

有时，省略成分的还原还要涉及已有成分的调整，否则不合句法。如：②

(32) 小王向北京大学，小李向清华大学分别提出了攻读博士学位的申请。
(32a) ＊小王向北京大学提出了攻读博士学位的申请，小李向清华大学分别提出了攻读博士学位的申请。
(32b) 分别地，小王向北京大学提出了攻读博士学位的申请，小李向清华大学提出了攻读博士学位的申请。

例（32a）是直接将例（32）省略成分还原后得到的句子，该句不合

---

① 例（30）、例（31）转引自张国宪（1993b）。
② 该例转引自范开泰、张亚军（2000）。

句法，不可接受。例（32）的省略成分要还原，必须如例（32b）所示，将副词"分别"提前至句首方可。

还原结果的一致性是指还原后的句子在语义或使用价值上与原句具有一致性。吕叔湘的"二条件论"提出"添补的词语只有一种可能"。我们认为这一限制可能过于严格。先看两个句子：①

（33）一九三六年七月，我们红四方面军过草地。经过半个月长途跋涉，来到了水旱相连的边缘地带。

（34）我家的后面有一个很大的园，相传叫做百草园。

例（33）中"来到"的主语承前一句的主语"我们红四方面军"省略了。例（34）中后一小句的主语承前一小句的宾语"一个很大的园"省略了。这应该是有共识的。但是如果还原的话，"我们红四方面军""我们""红四方面军"应该都是可以做"来到"的主语的，"那个很大的园""那园""这个很大的园""这园""园"等也应该都可以做后一小句的主语。也就是说，例（33）中还原的词语至少有三种可能，例（34）中还原的词语至少有五种可能。

郑远汉（1998）也曾指出："这个说法嫌狭隘了一些……因为省略的是语义成分，以一定语音形式为标志的词语是语义成分的载体，二者并不是一对一的关系。"我们认同郑远汉的看法。省略是"意思里有而话语里不出现"，形式与意义不是一一对应的关系，表达一意义可以有多种形式，例（34）的五种形式表达的意义是等同的，以其中任何一种形式来还原得到的句子和原句都具有语义一致性。

不仅还原的词语可能不同，还原的结构也可能不同。如：②

（35）"有人送我两个西瓜，我来借花献佛。"

唐三彩一抬胳膊，一个花皮大西瓜装在她手提的尼龙丝网兜里。

"拿回去，拿回去。"（《刘绍棠中篇小说选》）

---

① 例（33）、例（34）转引自洪心衡（1981）。
② 该例转引自杜道流（1997）。

该例"拿回去"如果还原的话至少可以有两种结构：

（35a）这个西瓜你拿回去。
（35b）你把这个西瓜拿回去。

这两种不同的结构所表达的语义是一致的，它们与省略句在语义上也是一致的。

对一些因情景语境而省略的句子来说，其语义比较模糊。如：

（36）一斤白糖！（对售货员说）

吕冀平先生（2003）认为，该例是独词句，说不出省略了什么，该例"是'我要买一斤白糖'呢，还是'你给我拿一斤白糖'？"我们认为，下面的两例都可能是例（36）还原后的句子，因为它们和省略句的使用价值是一致的——都是要求售货员给他拿一斤白糖。如果借用 Sperber & Wilson（2001）的关联理论的话说，例（36a）、例（36b）信息意图有别，但它们和省略句的交际意图是一致的。因此，下面两例都符合还原结果一致性的要求。①

（36a）我要买一斤白糖！
（36b）你给我拿一斤白糖！

一个有效的还原，必须同时满足还原的必要性、还原的可能性和还原结果的一致性这三个条件，否则就不能说符合可还原标准。如：

---

① 根据李晓奇（2015），在英语中有时省略部位和先行语不仅要求语义等同（semantic identity），还要求句法等同（syntactic identity）。如：

(1) *Joe was murdered, but we don't know who. (murdered Joe)
(2) *Someone murdered Joe, but we don't know who by. (Joe was murdered)

这两例是截省句（slucing）。例（1）省略部位是主动式，先行语是被动式。例（2）省略部位是被动式，先行语是主动式。省略部位和先行语语义等同而句法不等同。这两例都不可接受。Merchant 把这种现象称为"省略的同构限制"。若有同构限制，则对还原增加了限制。

(37) 她比以前漂亮多了。
(38) 开车了。

例（37）是比较句，比较本体未出现，要还原的话，可以是"现在"。该例具有还原的可能性，也具有还原结果的一致性，但不具有还原的必要性，因而不是省略句。例（38）表示出现了"开车"这么一个新情况。"开"是二价动词，施事未出现，具有还原的可能性。如果施事还原为"司机"，也能保证还原结果的一致性，但不具有还原的必要性；如果还原为某个具体的人，不仅不具有还原的必要性，连还原结果的一致性也不能保证。因此，这两例都不是省略句。

句法标准简单明了，是优选的，但不具有普适性。可还原标准是根本，适用于所有的省略。对英语这类注重形合的语言，主要运用句法标准来判断省略，对汉语这类注重意合的语言，主要运用可还原性标准来判断省略，但需要综合运用以上两个标准方能有效解决一种语言中的省略问题。杨伯峻、何乐士（2001）指出："省略指的是一定的语言环境里一个句子被省略了其中的某些词语，而被省略的词语一般可以从上下文里找到并确定地补出来。所谓确定，就是要有客观依据，而不是随心所欲地想补什么就补什么。所谓客观依据，主要是指上下文里有具体对象作为依据，其次是指可以根据约定俗成的语言习惯作出判断。" N. M. Rayeska (1976) 也提出，省略成分可以通过直接上下文和与省略句相关的完整语法构式两种途径补出。上述学者的看法也都包含着综合运用句法标准和可还原标准的思想。

第四章　省略的范围

省略的范围与省略的判定标准或者说与人们对省略性质的认识密切相关。郭中平（1957）指出省略句是以"结构完整"为标准分出来的一类句子，但对什么是"结构完整"，可以有四种解释：

一、此时此地能完成达意的任务。
二、现实语言的结构完整。
三、理想语言的结构完整。
四、逻辑语言的结构完整。

朱德熙（1982）是从句法的角度看省略的，持第一种理解。持该认识的学者认为，省略与否与语义无关，只是纯粹的句法问题，省略的范围最小。朱德熙只举了"数词+名词"和"吃得"两类例子，其中"吃得"还不符合其本人指出的可还原性标准。

黎锦熙（1924）、黎锦熙和刘世儒（1957）是从逻辑事理的角度看省略的，持第三种和第四种理解。持该认识的学者不大考虑现实的句法结构，认为省略与否得从逻辑语义来判断，对省略的认识最为宽泛，有滥用省略之嫌。

多数学者是站在现实语言的立场来看待省略的，但因为长期以来学界对省略的判定标准认识不一，且已有标准大多缺乏可操作性，因而对具体现象的判定也常相互抵牾，在省略范围的划定上自然也就有所不同。

厘清省略的范围除了要考虑判定标准，还应划清省略与相近现象界限，具体而言，包括空语类、缩略语、同形合并、半截话和会话含义。[①]

[①] 省略与隐含的关系长期纠葛不清，我们已在第二章作了专门探讨。

一 省略与空语类

(一) 关于空语类

空语类(empty categories)是生成语言学在管辖与约束理论时期的中心议题之一。"在乔姆斯基看来,空语类的研究不仅有助于探讨哪些因素决定句法表达式和语义表达式及它们的形成规则,更重要的在于它有助于论证他的普遍语法观。"①

所谓空语类,是指没有语符列作为表现形式,但在句法和语义方面起作用的名词性词语,具体包括四种类型:②

一是 NP-语迹。NP-语迹由移位产生,具有[+照应性]、[-指代性]特征,在管辖范围内受约束,无格标记。其先行语占据非题元、主目位置。英语主语提升、被动转换留下的语迹即是 NP-语迹。如:

(1) He seems [e] to be angry.
(2) He was arrested [e].

二是变项。变项也由移位产生,具有[-照应性]、[-指代性]特征,在任何情况下都是自由的。它是从主目位置移到非主目位置留下的语迹,必须带格标记才能将格传给移入标记词位置的成分。英语关系小句中 wh-疑问句中的 wh-疑问词、话题化后留下的语迹、被关系词替代的词语都是变项。如:

(3) What are you doing [e]?
(4) This book, I have read [e].
(5) The flowers which he gives her [e] are there.

三是 PRO。PRO 是由基础部分生成(base-generated)的,具有[+

---

① 韩景泉,1997,《空语类理论与汉语空位宾语》,《国外语言学》第 4 期。
② 以下对空语类的介绍参考韩景泉(1997)。

照应性]、[+指代性] 特征，不受约束原则的制约，但必须受到其先行语的控制（control）。其先行语是控制成分，占据主目、题元位置，但可以不出现。英语不定式的主语即是 PRO。如：

(6) I want [e] to go to school.

四是 pro。pro 也是由基础部分生成的，具有 [−照应性]、[+指代性] 特征，在管辖范围内是自由的，带格标记。pro 只出现在动词形态比较丰富的语言（如俄语、西班牙语、意大利语）中，依靠主谓一致的形态系统来确定。在一些动词形态丰富的语言中，有时主语无须出现，根据动词形态即可确定未出现的主语的指称。如：

(7) [e] ha telefonato Gianni.

（二）空语类与省略的差异

空语类也是有意义而无语音形式的成分，在这一点上，它和省略是一样的，但是二者的差别也很明显，主要有以下几个方面。①

一是从研究对象看，空语类的提出很大程度上是为了印证乔姆斯基的普遍语法，是面向所有人类语言的；虽然人类语言都普遍存在省略现象，但省略的类型、省略的条件、省略的频率等迥异，因而省略一般是就某一具体语言而言的。

二是从性质看，空语类针对的是抽象的句法结构，属于句法范畴；虽然有部分省略也是由句法规则决定的，可视为句法现象，但从根本上说，所有的省略针对的都是具体的话语中的句子，属于语用范畴。

三是从生成看，空语类可以是基础生成的（PRO 和 pro），也可以是转换形成的（NP-语迹和变项）；不同的学者对省略的生成看法不一，无结构说认为省略部位没有结构，PF 删除说认为省略是在转换过程中形成的，LF 复制说和空代词说认为省略是由基础生成的。

四是从范围看，空语类只涉及作主宾语的名词性词汇成分；省略范围

---

① 以下的部分内容参考了张天伟（2011）。

则要大得多，不仅包括名词性成分，还包括数量成分、谓词性成分乃至虚词，不仅包括词，还包括各类结构，不仅涉及主宾语，还涉及谓语、定语、状语等。

五是从可还原性看，除 pro 外，大部分空语类都不具有可还原性；省略则必须具有可还原性。

六是从语境依赖程度看，空语类是句法现象，其意义的恢复和重建无须依靠语境。除部分由句法规则确定的省略外，大多数省略是在语境中形成的，省略部位意义的恢复和重建依赖于语境。

其实，空语类和隐含更为接近。除了 NP-语迹和变项，其余空语类均可视为隐含。不过，隐含的范围要比空语类大得多。

二 省略与缩略

（一）关于缩略

缩略是在保持意义不变的条件下对词语的形式进行压缩，是较为普遍使用的造词法之一。英语中缩略有首字母提取、截短和截搭三种手段，形成四类缩略语：首字母拼读词（initialism，alphabetisms）、首字母缩略词（acronyms）、截短词（clipped forms，clippings）和截搭词（blends）。根据何亚红（2019），现代汉语中的缩略语主要有简称、合称和略语三类。如：

马列主义、安理会、本币、军管、伏、安　　（简称）
公教人员、桥涵、经贸、二十四史、四部　　（合称）
沧桑、金汤、凿枘、蠡测、格致、骈枝　　　（略语）

王力（1944）说："西文里的简称法（abbreviation）和省略法（omission）是有分别的。但是，在某一意义上说，简称也就是省略之一种。为陈述的便利起见，我们也就混为一谈。"看来，王力是将缩略视为省略的一种类型的。

（二）缩略与省略的差异

缩略和省略有相通之处：都存在语言形式的删略，都可以还原，都有简略式和完整式，且简略式和完整式语义一致。但缩略和省略有明显的差异：

一是二者针对的对象有别。缩略针对的是词语，属词法范畴；省略针对的是句子，属句法、语用范畴。

二是二者删除成分的性质有别。缩略删除的通常是音节或语素；省略删除的是词或短语。

三是二者与语境的关系有别。缩略与语境关系不大，缩略语本身语义清楚；省略与语境有密切关系，省略句脱离语境后绝大多数不具有达意功能。

因为有这些差异，典型的缩略词语与省略还是比较容易分辨的。下面的情况较复杂一些：

(8) 甲：是从黑大过来的吧？
乙：不是，我是从那个——
甲：噢。
乙：林兴路，老动物园那边。
甲：噢，林兴路。林兴路坐203也行。

(9) 中华人民共和国主席……
主席……

例（8）中的"203"指的是哈尔滨市203路公交车。例（9）中的"主席"指的是中华人民共和国主席。它们针对的对象是固定短语，删除成分在性质上是词或短语，与语境有密切的关系，那么是缩略还是省略呢？我们认为，它们属于人们在具体语境中采用的简称，本质上仍属于话语的备用单位，不宜视为省略。

综上所述，我们认为，不宜将缩略归入省略中，二者有本质的不同。郑远汉（1998）指出："不能把作为话语备用单位的简约形式放在省略句这个层面讨论。词有简称形式，如北京——京，武汉——汉，词组有简称形式，如中学、小学——中小学，教员、职员、工人——教职员工，正是因为一般不独立成句，所以还没见到有列入省略句讨论范围的。"我们认同郑远汉的看法：缩略针对的是话语的备用单位，而省略针对的是话语的使用单位，应当区别缩略和省略。

三　省略与同形合并

（一）关于同形合并

朱德熙（1982）在论及省略时举了两类例子，其中之一是"吃得"。朱德熙认为"吃得"实际上应该分析为"吃得得"，第一个"得"是助词，第二个"得"是动词，充当补语。"只是因为两个'得'语音形式相同，所以把助词'得'略去了。"

邵敬敏（1991，2016）将这种现象称为重合。司富珍（2005）将这种现象称为同音删除。我们这里称为同形合并。汉语中同形合并现象较为常见。如：

（10）我吃了
（11）嘴唇热热的感觉
（12）文学院
（13）外交部长

对比例（10）和"我吃了饭了"，可知例（10）是"我吃了$_1$了$_2$"同形合并的结果。对比例（11）和"嘴唇干裂的感觉"，可知例（11）是"嘴唇热热的$_2$的$_3$感觉"同形合并的结果。对比例（12）和"音乐学院"，可知例（12）是"文学学院"同形合并的结果。对比例（13）和"人力资源和社会保障部部长"，可知例（13）是"外交部部长"同形合并的结果。

正因为同形合并现象经常发生，如果同形而不合并，人们可能会觉得不合语感。赵元任（1980）曾提到，他在一篇演讲稿中使用了"语言学跟跟语言学有关系的一些问题"这个表达，不少编辑打电话向他询问是不是多了一个"跟"。

（二）同形合并与省略的差异

那么，同形合并是否省略呢？我们认为不应视为省略，因为两个单位是合并，不是删除。也就是说，合并后的成分是"一身二任"，不宜说删除了其中的某一个单位。比如，例（10）中的"了"是"了$_{1+2}$"在学界已有共识，不宜说删除了"了₁"或"了₂"；例（12）中的"学"既是"文学"中的语素，也是"学院"中的语素，不宜说删除了哪一个"学"。同理，"吃得"中的"得"既是助词"得"，也是动词"得"。更重要的是，同形合并通常不具有省略所要求的可还原性。下面的例子在可接受度上都多少有些问题：

(14) *我吃了了
(15) *嘴唇热热的的感觉
(16)？文学学院
(17)？外交部部长

自吕叔湘（1979）提出隐含这个概念后，学界多持肯定态度。值得注意的是，张国宪（1993b）、施关淦（1994）等在进一步阐发隐含时都把兼语句视为典型的隐含句。下面是施关淦举的例子：

(18) 局长命令我 + 我调查一个案子 → 局长命令我调查一个案子

施关淦说："两个'我'被删略了一个。那么，被删略的是前一个小句的宾语呢，还是后一个小句的主语呢？我认为较为合理的解释是后一个小句的主语。理由是'先入为主'。咱们中国人特别讲究先来后到，这也反映到汉语的句法结构中来了。"

用"先入为主"来说明删除的是第二动词的主语而非第一动词的宾语恐怕不能令人信服，况且如果真是第二动词的主语被删除了，那么也就不存在兼语了，从句法上看兼语句就是连动句了。我们认为，正如兼语性质所体现的那样，是第一动词宾语和第二动词主语因同形而发生了合并，一身兼二任，而不是删除主语或宾语。兼语句也不是隐含句。

四 省略与半截话

（一）关于半截话

史锡尧、杨庆蕙（1984）说："因种种原因而没有把一句话说完就是省略句，书面上用省略号表示。在一定的上下文中，根据汉语习惯，省略掉句子的某些成分或词语，也是一种省略。"由此可见，二位作者所说的省略实际上有两个意思：一个是我们所说的省略，另一个是半截话。下面几例是作者举的例子：

(19) 我是真没了主意，要不然我怎么会开口述说妈妈的……我并没有和校长亲近过。(老舍《月牙儿》)
(20) 车队像一条河，
　　　缓缓地流在深冬的风里……
(21) 就在这一刻，那千千万万的好同志啊，在风里、在雪里、在坑道里、在废墟上……正用他们无比的英雄气概，清除着那些破坏人类生活的暴徒。(杨朔《用生命建设祖国的人们》)

例(19)中的省略号表示一句话没有说完。例(20)中的省略号表示下面还有话说。例(21)中的省略号表示不一一列举。

省略号的用法较多，不止上述三种。我们认为只有例(19)才是"没有把一句话说完"。我们把这种情况称为半截话。

(二) 半截话与省略的差异

半截话和我们所说的省略在性质上是不同的：省略没有形式但有意义，而半截话形式和意义都没有。因此，我们认为，为了术语更科学，不宜将半截话称为省略句，半截话不属于省略。其实，郭中平(1957)早就指出："一句话没有写完，后面加省略号或破折号的，不算简略句，因为还没有成句。"

此外，祝克懿(1987)指出："有一些书籍和文章，选用半截子话作标题，显得意味深长。"下面是她举的两个例子：

(22) 因为有了它
(23) 寻找天国
　　　不仅仅是献给一位早逝的同窗

这两例用了关联词语，却只有一个小句，因此尽管没有用省略号或破折号，也应视为半截话。祝克懿对这两例的分析是正确的，但她将这类现象视为隐含值得商榷。

有些半截话在使用过程中已经定型化，具有达意功能，应视为隐含。如：

（24）看把你高兴的！
（25）你真是！

五　省略与会话含义

（一）关于会话含义

王维贤（1985）在谈意念上的省略时曾举过这么一个例子：

（26）凤姐笑问道："这么大热的天，谁还吃姜呢？"

王维贤对该例是这么分析的："其实凤姐的主要意思在于后面没有说出来的那句话：'怎么这样辣辣的呢？'凤姐是用后面没有说出来的那句话来讽刺宝玉和黛玉的。这些都是语言中的意念的省略。"

我们前面在谈省略的性质时运用关联理论信息意图和交际意图这两个概念对该例进行过分析。信息意图和交际意图应该是受到会话含义理论启发而提出的。Grice 对意义进行过研究，提出了多种类型的意义，其中最为重要的当属字面意义（saying）和会话含义（conversational implicature）。所谓会话含义，就是说话人故意违反合作原则的时候，听话人迫使自己透过话语的字面意义而领悟到说话人所说话语的隐含意义。就上例而言，问"谁还吃姜"只是字面意义，表明"感受到了大家言语辛辣"则属会话含义。

范开泰、张亚军（2000）将句法平面句法成分的隐略叫作省略，将语义平面语义要素的隐略叫作隐含，将语用平面语用意义的隐略叫作暗示。尽管我们不认同二位作者对省略、隐含和暗示性质的认识，但是将省略和语用意义区分开来无疑是正确的。

（二）会话含义与省略的差异

省略和会话含义有共性：都有意义而无形式。但是，省略是说话人为了简洁化、突出新信息、连贯等目的略去当前话语中的某些成分而保留其意义的语言现象，只涉及字面意义；会话含义是当前话语经过语用推理得出的另外的语用意义，二者有本质的不同。

顺便指出，李晓奇（2015）将会话含义作为隐含的一种显然也是欠妥的。

第五章　省略的类型

一　已有观点评析

传统上主要从句法成分和语境类型两个视角对省略进行分类。

从句法成分视角对省略进行分类始于马建忠。马建忠（1898）将省略分为起词省略、语词省略两大类，具体又根据省略的语境或结构分为九小类。如"命戒之句，起词可省""读如先句，句之起词已蒙读矣，则不复置"等。章士钊（1910）谈到的省略有四类：省主格（按：指主语）、省动词、省目的格（按：指宾语）和省补充语（按：指"为""是"后面的成分）。黎锦熙（1924）所说的省略范围宽泛，省略的类型就更多了，有八类：省主语、省述语、省宾语、省补足语、省形附（按：指定语）、省形附后之实体词、省副位（按：指介词的宾语）、省复句之一。郭中平（1957）也是从句法成分视角给省略分类的，作者将省略句的主要类型分为略去主语的、略去谓语的和略去宾语的三类。

吕叔湘（1942）首先根据句子成分将省略分为省略起词和省略止词两类，然后每一类再根据语境类型分为当前省略、承上省略和概括性省略三类。王力（1943）则相反，先根据语境类型将省略分为：承说的省略和习惯的省略两类，承说的省略根据句子成分分为：主语的省略、目的位的省略（按：指宾语省略）、关系位的省略（按：指充当修饰成分的时间成分和处所成分的省略）、表位的省略（按：指"是"的宾语的省略）、谓词省略，习惯的省略又分为替代法的习惯省略、称数法的习惯省略。

受吕王二氏的影响，此后学者们大多从语境类型角度来给省略分类。洪心衡（1981）将省略分为当面说话的省略、回答问题时的省略和见前的省略三类，其中见前的省略较为复杂，又分为在同一地位的省略和在不同地位的省略。吕冀平（1983）根据省略的条件将省略大体分为说话省、承前承和蒙后省三类。史锡尧、杨庆蕙（1984）将省略分为对话省和上下文省两类。张静（1987）将省略分为对话省、承前省、蒙后省、自述省和习惯省五类。① 施关淦（1994）指出省略主要有四种：承上省、蒙后省、对话省和自述省。黄南松（1996）既从句子成分的角度将省略分为主语省略、谓语省略、宾语省略、兼语省略、定语省略五类，又从语境类型角度将省略分为承上省略、蒙下省略、逻辑省略三类。杜道流（1997）将省略的信息背景分为非语言语境背景和语言语境背景。

近来，有些学者尝试将国外对省略的分类引进到汉语中。刘丽萍（2006）、李晓奇（2015）介绍了汉语和英语中常见的一些省略结构：②

（一）空论元（bare arguments）

（1）A：张三看见李四了吗？
B：[e] 看见了 [e]。

（二）并列删除结构

（2）你喜 [e] 不喜欢这本书？

（三）N-删略（N-deletion）

（3）书架上有很多书，但我只读过泰戈尔的 [e]。

（四）缺口句（gapping）

（4）John likes movies, and Bill [e] concerts.

---

① 王力和张静所说的习惯省大多属于隐含，并非省略。
② 例（1）至例（9）转引自刘丽萍（2006），例（10）至例（12）转引自李晓奇（2015）。例句中的 [e] 表示省略部位。

（五）剥落（stripping）

(5) John gave chocolates to Mary, and Fred [e] too.

（六）VP 省略（VP-ellipsis）

(6) John likes movies, but Bill doesn't [e].

（七）准缺口句（pseudo-gapping）

(7) If you don't believe me, you will [e] the weather.

（八）截省句（slucing）

(8) Somebody called—guess who [e].

（九）片语（fragment）

(9) Abby：Beth 要带谁来？
　　Ben：[e] Alex [e].

（十）疑问式删略

(10) Are you coming or aren't you [e]？

（十一）比较式删略

(11) John can play the piano better than Bill [e].

（十二）空动词句（empty verb sentences）

(12) A：(在餐馆里，服务员问两位来吃饭的顾客) 主食吃什么？
　　B：我 [e] 米饭，他 [e] 面条。

刘丽萍（2006）认为，语言中的省略现象可能不只上面这些类型，但从省略部位的句法性质看，不外乎以下三种：

一是名词性省略：包括空论元、N-删略、并列删除结构（删除的是名词性成分）。

二是谓词性省略：缺口句、并列删除结构（删除的是谓词性成分）、剥落、准缺口句、VP 省略。

三是 IP 省略：截省句。

此外，王维贤（1985）将省略分为意念上的省略、结构上的省略和交际上的省略三类，指出还有语音上的省略和语义上的省略。郑远汉（1998）从分书面语和口语探讨了省略的特点。胡敕瑞（2006）认为有四种省略：语法省略、语音省略、词汇省略、语义省略。

二 我们的认识

（一）从句法成分的角度

一般来说，实词在句中要充当一定的句法成分，从句法成分的视角给省略分类具有一定的合理性。在汉语中，若是单一成分的省略，主语省略最为常见，其次是宾语（包括介词宾语）、谓语和兼语的省略，最后是定语和状语的省略，补语一般不单独省略。[①]

不同句法成分还可以同时省略，这种情况在口语会话中较为常见。此外，还有些词语一般不能单独承当句法成分，比如数词、量词和虚词等，可以把这些词语称为非成分词，它们的省略情况只能以词类来划分。有些非成分词可以和句法成分一同省略。如：

(13) 甲：你来哈尔滨多长时间了？

---

① 根据句法成分来给省略分类，句法成分宜按照中心词分析法来理解，否则将比较麻烦。如：

(1) 甲：这是谁的钢笔？
　　乙：我的。

按照中心词分析法，我们可以说该例答句省略了主谓宾。如果不按中心词分析法，我们只能说该例省略了主语、谓语中心语和宾语中心语。

乙：20 年了。
(14) 操场上躺着一人。
(15) 甲：谁写的？
乙：张三。

例（13）乙的答语同时省略了主语、谓语和宾语。例（14）"一"后省略了量词"个"。例（15）省略了谓语和语气词"的"。

以往从句法成分视角给省略分类存在四个方面的问题：

一是未能准确区分省略现象与非省略现象。这在黎锦熙的分类中表现得很明显。

二是除郭中平外，其他学者的分类基本未涉及两个及以上成分同时省略的情况。

三是很少有学者在分类时考虑到非成分词的省略问题。

四是各子项外延之和小于母项的外延。

我们认为，如果从句法成分的角度来给省略分类，合乎逻辑的结果可以是：①

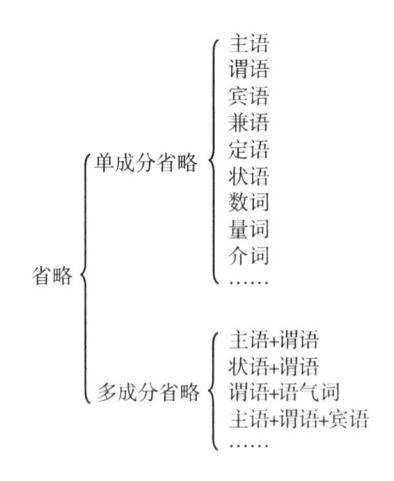

省略 ⎰ 单成分省略 ⎰ 主语/谓语/宾语/兼语/定语/状语/数词/量词/介词/……
　　 ⎱ 多成分省略 ⎱ 主语+谓语/状语+谓语/谓语+语气词/主语+谓语+宾语/……

图 5-1　省略的分类（句法成分角度）

---

① 句子组成成分包括句法成分和非成分词。

(二) 从语境类型的角度

省略本质上是一种语用现象，与语境关系密切，因而根据语境来给省略分类也是具有合理性的。"语境"作为一个术语最早由 Malinowski 于 1923 年提出，他将语境分为"文化语境"和"情景语境"两类。[①] Firth (1957) 进一步阐明了语境是由"语言因素"和"非语言因素"共同构成的，他将语境分为"上下文语境"和"情景语境"。Hymes (1972)、Halliday & Hasan (1976)、Lyons (1977) 也都对语境理论做过相关论述。国内外对语境的认识不一，我们大体认同索振羽的语境观。索振羽 (2000) 认为，语境是人们运用自然语言进行言语交际的言语环境。具体内容是：

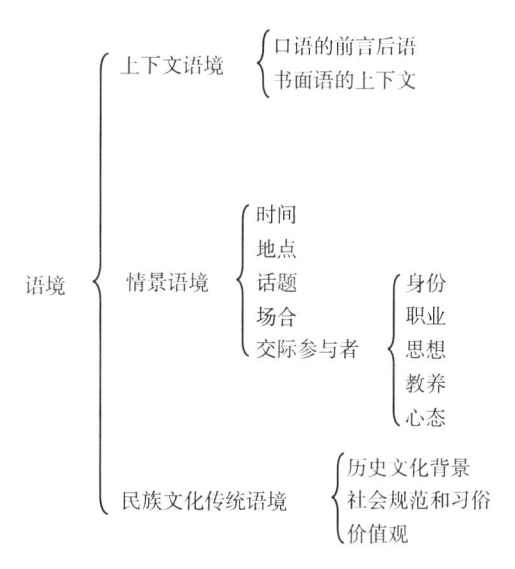

$$
\text{语境}\begin{cases}
\text{上下文语境}\begin{cases}\text{口语的前言后语}\\\text{书面语的上下文}\end{cases}\\
\text{情景语境}\begin{cases}\text{时间}\\\text{地点}\\\text{话题}\\\text{场合}\\\text{交际参与者}\end{cases}\begin{cases}\text{身份}\\\text{职业}\\\text{思想}\\\text{教养}\\\text{心态}\end{cases}\\
\text{民族文化传统语境}\begin{cases}\text{历史文化背景}\\\text{社会规范和习俗}\\\text{价值观}\end{cases}
\end{cases}
$$

图 5-2　索振羽 (2000) 对语境的分类

可见，以往从语境类型视角给省略分类存在三方面问题（以吕叔湘的分类为例）：

一是未能科学区分省略与非省略现象。吕叔湘所说的当前省略和概括性省略有些应是隐含，而非省略。

[①] 索振羽编著，2000，《语用学教程》，北京大学出版社。

二是未能区分语境的层次。吕叔湘所说的承前省略应是上下文省略的一种类型，当前省略是情景语境的一种类型。

三是各子项外延之和小于母项的外延。情景省略显然不止吕叔湘所说的当前省略一种。

民族文化传统语境和省略的关系不大，省略主要依赖于上下文语境和情景语境。上下文语境又可以进一步分为上文语境和下文语境。情景语境又可以进一步分为当前省、自述省等。此外，还有些省略是因为交际双方共享的百科知识而发生的。如：①

（16）小李父子俩来了。

（17）中国从前的监狱，墙上大抵画着一只虎头，所以叫做"虎头牢"，狱门就建筑在虎口里，这是说，一进去，是很难再出来的。

（18）依法设立的宗教活动场所，具备法人条件的，可以申请法人登记，取得捐助法人资格。

例（16）有歧义，既可以理解为"小李（父）和 X（子）父子俩来了"，也可以理解为"X（父）和小李（子）来了"。不论是哪一种理解，"X"都要依赖于交际双方共享的百科知识来恢复。例（17）中"进去"和"出来"的当事都没有出现，但前文描写的是监狱，根据百科知识，进去的人应当是犯人。例（18）是我国现行民法中的一条，"设立"的施事在上下文未出现，需要读者根据百科知识来恢复。例（16）中的省略需要直接调用受话人的百科知识来恢复，例（17）、例（18）中的省略需要受话人调用依据上下文推理得出的知识来恢复。

因此，我们认为，如果从省略所依赖的语境类型角度来给省略分类，合乎逻辑的结果如图 5-3 所示：②

---

① 例（16）转引自范开泰、张亚军（2000），例（17）转引自郑远汉（1998）。
② 李旭、田启涛、罗舒（2011）将省略分为衔接省略、对话省略和语境省略。衔接省略相当于上下文省略，对话省略类似于当前省略，语境省略类似于百科知识省略。

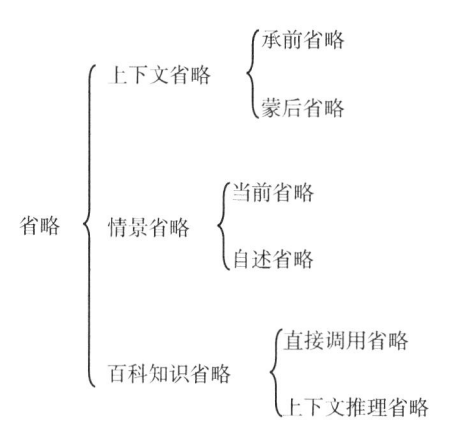

```
            ┌─ 上下文省略 ┬─ 承前省略
            │           └─ 蒙后省略
            │
省略 ────────┼─ 情景省略 ┬─ 当前省略
            │           └─ 自述省略
            │
            └─ 百科知识省略 ┬─ 直接调用省略
                          └─ 上下文推理省略
```

图 5-3　省略的分类（语境类型角度）

（三）从省略部位句法性质的角度

实际上，还有些省略不具有语境依赖性，省略成分的还原可根据句法规则进行。如：

（19）我去买条鱼吧。
（20）他今年十五了。
（21）John is captain of the team.

例（19）"条"前省略了数词"一"。例（20）"十五"后省略了"岁"。例（21）中 captain 前省略了冠词 the。

如果我们将这类省略称为句法省略，那么语境省略需要和句法省略结合起来方能对省略进行完全的分类。

刘丽萍（2006）、李晓奇（2015）等参考生成语言学对省略的研究，从省略句结构的角度来给省略分类。实际上，英语中的省略情况也比较复杂。根据黄关福（1983）的研究，英语功能词的省略有九类：一是冠词的省略，二是介词的省略，三是连词的省略，四是关系代词的省略，五是关系副词的省略，六是小品词 to 的省略，七是助动词的省略，八是替代词 one 的省略，九是引导词 there 的省略；句法上的省略有十三类：一是省略主语，二是省略谓语动词，三是省略主语和谓语动词，四是省略表语，五是省略动词宾语和介词宾语，六是省略定语和状语，七是补足语和附加句中的省略，八是 then 从句中的省略，九是 as 从句中的省略，十是 if 从句中的省略，十一是非限定动词 be 在句中的省略，十二是小品词 to 后的省略，十三是疑问词后的省略。这还不包括所谓的片语。刘丽萍所举出的不过是其中的一些结构上较有特点的省略而已。因此，我们认为，对缺口句、截省句等结构上有特点的省略进行专门研究是必要的，但是并非所有的省略在结构上都有鲜明的特点，从结构角度给省略分类只有列举性质，不能进行完全的分类。况且，刘丽萍自己也指出，根据片语的先行语的性质，可以考虑将片语归入各类省略结构中。也就是说，片语本身不具有特定的结构特征。

刘丽萍（2006）认为从省略成分的句法性质看，省略只有三种类型：名词性省略、谓词性省略和 IP 省略。该观点存在两个问题：

一是谓词和名词不在一个层次上。

二是各子项外延之和远小于母项的外延。

不过，我们认为，从省略部位句法性质的角度来给省略分类是个可行的方案。就汉语而言，省略的类型是：

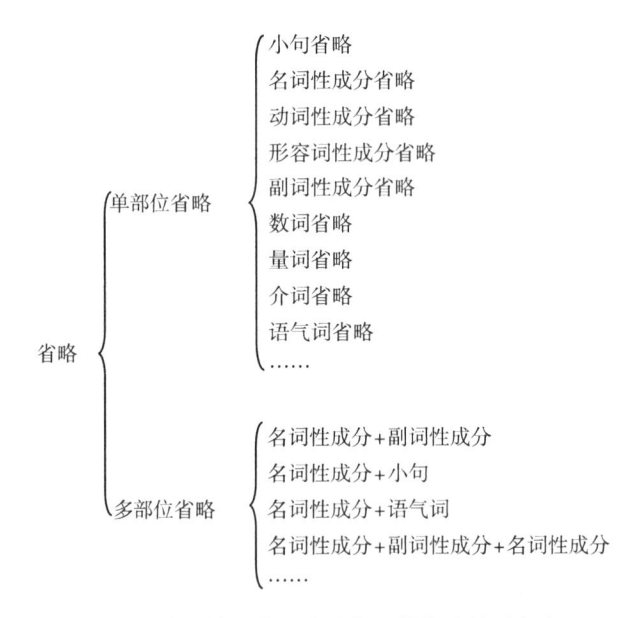

省略
- 单部位省略
  - 小句省略
  - 名词性成分省略
  - 动词性成分省略
  - 形容词性成分省略
  - 副词性成分省略
  - 数词省略
  - 量词省略
  - 介词省略
  - 语气词省略
  - ……
- 多部位省略
  - 名词性成分+副词性成分
  - 名词性成分+小句
  - 名词性成分+语气词
  - 名词性成分+副词性成分+名词性成分
  - ……

图 5-4　省略的分类（省略部位的句法性质角度）

不同语体中的省略有不同的特点，因此郑远汉（1998）联系语体探讨省略是有价值的，但这是省略的语体分类，而非省略自身的分类。王维贤（1985）和胡敕瑞（2006）所说的省略大多数不是我们所探讨的语用上的省略。具体可参考前文对省略性质、范围的探讨。

总之，我们认为，如果对省略现象进行分类，有三个可行的视角：句子组成成分、语境类型和省略部位的句法性质。如果仅是列举省略现象，那么句法结构视角也是可行的。

第六章 省略的动因和语用价值

一 省略的动因

关于省略的动因,学界关注较少。陈伟英(2005,2009)、金美锦(2020)在解释省略时提及了省力原则、经济原则、合作原则中的 Q-R 准则等。我们认为,省略与否不改变信息的量,因而省略与 Q 准则无关,省略会带来表达方式上的简练,与 R 准则有一定的关系,但简练是省略的结果,而非促动说话人使用省略的根本动因,因而在动因上省略与 Q-R 准则关系不大。文化性和经济性才是促动省略发生的根本动因。

(一) 文化动因

语言是人类最重要的交际工具,语言的使用离不开语境,但不同文化中人们在交际时对语境的依赖程度是不同的。对此,著名文化人类学家 edward. T. Hall 提出了颇有影响的高低语境理论。Hall(1976)指出文化具有语境性,并将语境分为高语境(high context)和低语境(low context)。他认为:"任何事物均可被赋予高、中、低语境的特征。高语境事物具有预先编排信息的特色,编排的信息处于接受者手里及背景中,仅有微小部分存于传递的讯息中。低语境事物恰好相反,大部分信息必须处在传递的讯息中,以便补充语境中丢失的部分(内在语境及外在语境)。""高语境(HC)传播或讯息即是绝大部分信息或存于物质语境中或内化在个人身上,而极少数则处在清晰、被传递的编码讯息中。低语境(LC)传播正好相反,即将大量的信息置于清晰的编码中。"也就是说,在高语境文化中,交际对语境依赖程度高,更多的信息是通过语境来传递,而在低语境文化中,交际对语境依赖程度低,更多的信息是通过语言本身来传递。Hall 认为,中国文化是高语境文化,西方文化是低语境文化。

我们认为，Hall 的思想颇有见地。季羡林（2002）指出："我那一篇序的主要内容就是讲汉语与西方印欧语系的语言是不同的，写汉语语法而照搬西方那一套是行不通的。我最后说道：语言之所以不同，其根本原因在于思维模式的不同。西方的思维模式是分析、分析、再分析，认为可以永恒地分析下去。东方的思维模式是综合，其特点是整体概念和普遍联系。"中国人偏好整体思维，在交际时强调对语言和语境进行整体把握，更多地利用语境来传递信息，提倡"辞达而已矣"。正因为如此，"言"在中国文化中地位并不高。孔子说："巧言令色，鲜矣仁。"老子说："希言自然。飘风不终朝，骤雨不终日，天尚不能久，而况人乎？"禅宗倡导"自悟"，认为心性本净，佛性本有，觉悟不假外求。儒释道三家均不提倡能言善辩。"言多必失""祸从口出""巧舌如簧""油嘴滑舌""喙长三尺"等习语告诫人们应谨言，"此时无声胜有声"。如果一定要发声，那么在实现交际意图的前提下能省则省，因而汉语中的省略现象特别常见。比如，贾岛的名诗《寻隐者不遇》：

> 松下问童子，
> 言师采药去。
> 只在此山中，
> 云深不知处。

谁问？谁答？谁在此山中？谁不知道谁的去处？全诗竟然没有一个主语，全部省略。这些信息都是通过语境来传递的。如果译为英语，那么这些信息都必须通过语言本身来传递。储泽祥（1996）在探讨汉语叙事主语省略的语用功能时曾指出："汉语施事主语省略的真正独特之处就体现在它的语用价值之上……因为施事主语省略的语用价值，是以汉民族文化为依托的。"陆俭明（2003/2019）更是准确地指出："汉语是语用强势语言，只要语境允许，句法成分甚至重要的虚词都可以省略。"

（二）经济动因

Andre Martinet 于 1955 年在论及语音演变时提出了经济原则。他指出，言语活动中存在从内部促使语言运动发展的力量，这种力量可以归结为人的交际和表达的需要与人在生理上（体力上）和精神上（智力上）的自然惰性之间的冲突。前者倾向于复杂化和变异，后者则要求省力。经济原则不仅适用于语音演变，对整个言语活动都是适用的。"人们在保证语言完成交际功能的前提下，自觉或不自觉地对言语活动中力量的消耗，作出合乎经济要求的安排。"① 十年后，George Kingsley Zipf (1965) 提出了影响广泛的省力原则 (the principle of least effort) ——以最小代价换取最大收益。通过大量的数据统计和个案分析，Zipf 得出结论：人类行为普遍遵守省力原则。这是一条指导人类行为的根本性原则，言语活动自然也不例外。②

经济原则是就语音演变提出来的，省力原则是就整个人类行为而言的，在针对的对象上有广狭之别，但核心思想是一致的，即人们在进行包括言语行动在内的各种活动时追求经济。省略就是人们在进行言语活动时也追求经济的鲜明体现。与西方学者几乎在同一时间，中国学者针对省略也提出了经济原则。洪笃仁（1954）指出："语言活动不能不在一定的情景下实现，正是语言可以使用得'经济'些的根据；而句子的成分可以省略，当然又是以语言在一定的情景下可以使用得经济些作为根据。这就是大家所了解的：语言的运用，要在精确的基础上力求其经济。"郭中平（1957）也曾指出："简略句所以能简略，是由于我们运用语言时常常遵循一个经济的原则：'辞达而已矣。'"

不论书面语还是口语，省略现象都普遍存在，尤以口语为甚。杜道流（2000）说："会话省略是最常见的省略现象。会话时，由于交际现场为发话人提供了多种可以利用的信息因素，因而，说出来的话语的形式就比较灵活，使会话中的省略成为所有的省略现象中最为复杂的现象。"下面就是两个会话省略的例子：

（1）周朴园（看她不走）你不知道这间房子底下人不准随便进来么？
　　　鲁侍萍（看着他）不知道，老爷。(《雷雨》)
（2）旅客（对售票员）Two first returns, Beijing. ③

---

① 冯志伟，2013，《现代语言学流派》（增订本），商务印书馆。
② 关于经济原则、省力原则参考陈伟英（2009）、冯志伟（2013）。
③ 该例转引自黄关福（1983）。

例（1）因为有周朴园的"前言"，鲁侍萍的"后语"省略了主宾语。例（2）更是在情景语境的支持下进行了大量省略，形成了片语。如果不进行省略的话，上述两例可分别还原为下面的例（1a）、例（2a）：

（1a）周朴园（看她不走）你不知道这间房子底下人不准随便进来么？

鲁侍萍（看着他）我不知道这间房子底下人不准随便进来，老爷。

（2a）旅客（对售票员）Would you please sell me two first-class tickets from London to Beijing and back again and we will pay you the usual fare for such tickets.

对比例（1）和例（1a）、例（2）和例（2a），因省略而带来的表达上的经济性十分显著。当然，并非所有省略带来的经济性都如此显著，但省略的最小的单位是单个的词，省略一个词的经济性比语音上的同化、弱化、脱落等更为明显，后者是公认的经济性所驱动的语流音变，作用的对象是音素。

二 省略的语用价值

关于省略的语用价值，在早期的省略研究中很少涉及。吕叔湘（1942）在举了当前省略起词的例句后说："日记游记之类的性质也相近。这里面倘若填满了'我……我……我'，非但写的人腻烦，看的人也觉得讨厌。"如果从正面来看，省略就可以避免让人腻烦、讨厌。吕叔湘是早期很少的触及省略语用价值的学者。

就我们掌握的材料看，郭中平是最早明确提及省略语用价值的学者。郭中平（1957）在论及省略句时指出："一种意思，可以这样说，也可以那样说；这么说烦琐，那样说简洁，通常我们总是那样说，不这样说。"这里，郭中平明确提出了省略最重要的一个语用价值——简洁。此后，王钟林（1978）、洪心衡（1981）、张桂宾（1998）等多位学者都曾提出过类似的思想。

黄南松（1995）指出："成分省略是篇章得以联接的一个重要手段。"

此后，黄南松（1997）、侯家旭（2000）、李旭等（2011）、朱云生和苗兴伟（2002）、陈伟英（2009）等都探讨了省略的衔接功能。

此外，黄关福（1983）指出省略可达到两个目的：一是语言简洁，结构紧凑；二是重点突出，表达有力。黄汉生（1989）结合实例分析了省略的简洁有力、语义连贯等修辞效果。高丽桃（2004）、付艳丽（2007）等在各自的学位论文中总结了省略的语用价值。

综上所述，就省略的语用价值而言，已有研究存在四方面的问题：

第一，多数学者回避了该问题。

第二，涉及该问题的学者存在混淆省略的动因和语用价值的现象。

第三，涉及该问题的学者多数都是只言片语，缺乏全面分析。

第四，有些学者总结的语用价值存在似是而非的情况。

我们认为，省略有五方面的语用价值。下面分别说明。

（一）简洁化

受经济动因、文化动因的驱使，说话人在表达时省去了句子结构的一部分，但形省而义不省，言简意赅，自然使得表达更简洁。简洁可谓省略最为重要的语用功能，因而也最受到学者关注。如：

(3) 鲁贵：老爷哪一天从矿上回来的？
　　四凤：前天晚上。（《雷雨》）
(4) 射击队雅典练枪（《人民日报》2004年8月11日）

例（3）是口头会话，承前言省略了主语、地点状语和谓语。例（4）是新闻标题，省略了介词"在"。将上面两例和下面还原后的句子对比一下，省略形成的简洁的效果一目了然：

(3a) 鲁贵：老爷哪一天从矿上回来的？
　　 四凤：老爷前天晚上从矿上回来的。
(4a) 射击队在雅典练枪

句法省略所带来的简洁的效果不如语境省略那么明显，但与还原后的表达相比，仍具有简洁的效果。对比下面的例（5）和例（5a）即可看出：

(5) 他只吃了个面包。
(5a) 他只吃了一个面包。

吕叔湘（1986）、张静（1987）、郑远汉（1998）等所说的经济实际上也是简洁。下例是吕叔湘举的例子：

(6) 多看，多听，多琢磨，经验多了就会发现问题。

吕叔湘针对该例指出："既然不是特定的人，索性不说，这就是汉语句法的经济。"

相较于正式语体，非正式语体特别是口语，更追求简洁。这表现在两个方面：一是非正式语体中省略的出现频率要高于正式语体；二是有些省略现象只出现于非正式语体中。所以，有时省略具有非正式语体的风格。如：

(7) 那边好像有一人。
(8) 甲：这橙子特好吃，我给你寄一箱尝尝。
    乙：别。你的好意我心领了。

例（7）省略了量词"个"。例（8）中的"别"属于副词独用。这类省略通常只在口语中出现。

此外，王钟林（1978）、安汝磐（1984）、陈满华（2010）等都提及省略可以避免重复。该说法有合理性，避免了重复必然会简洁化。但是，简洁化不一定是避免重复的结果，对句法省略和语境省略中的情景省略、百科知识省略而言，不存在先行语，自然也就谈不上避免重复。

（二）增强连贯

M. A. K. Halliday & Ruqaiya Hasan（1976/2007）把省略分为三类：名词省略、动词省略和小句省略，认为省略是语篇衔接的手段之一。"他们认为省略留下了一些特定的结构空位，这些结构空位可以根据语境进行填补还原,在还原的过程中,省略的信息和其他成分之间建立了一种联系,这种联系起着衔接上下文的作用,因此,省略是语篇的衔接和连贯的重要手段。"① 黄南松等正是基于 Halliday. M. A. K & R. Hasan 的上述思想对汉语省略的语篇衔接功能进行了探讨。

其实,对汉语省略的衔接功能的探讨更多的是以零形回指(zero anaphora)之名展开的。廖秋忠(1984)探讨了动词支配成分的省略问题,明确指出一些学者将主宾语的省略看作是零形回指。陈平(1987)率先对汉语中的零形回指进行了深入研究。许余龙(2002)等基于可及性理论探讨汉语零形回指。王德亮(2004)借鉴向心理论解析汉语零形回指。徐赳赳(2003)、蒋平(2004)等也对汉语的零形回指进行了深入研究。

国外也有一些学者对汉语的零形回指进行探讨。较有代表性的是 Li & Thompson。Li & Thompson(1979,1981)提出零形回指出现于主题链中,其功能是将分句连接成一条话题链,代词的出现标志着一条新话题链的开始;名词出现于一个段落的开始。

我们认为,除句法省略外,省略的确有助于语篇的连贯。如:

(9) 甲:昨晚你喝醉了没有?
　　乙:我还好。你[e]呢?
(10) 鲁大海1　(对鲁贵)你跟妈说,[e]说自己错了,[e]以后永远不再乱说话,[e]乱骂人。
　　鲁　贵2　哦——
　　鲁大海3　(进一步)[e]说[e]呀!
　　鲁　贵4　(被胁)你,你——先放下[e]。
　　鲁大海5　(气愤地)[e]不[e],你先说[e]。
　　鲁　贵6　好。(向鲁妈)我说错了,我以后永远不乱说,[e]不骂人了。(《雷雨》)

例(9)中乙的答话"你呢"省略了谓语,根据甲的问话,省略的谓语应该是"喝醉了没有"。通过谓语省略,使得问话和答话更为连贯。例(10)是《雷雨》中鲁大海与鲁贵冲突的一幕,背景是鲁贵辱骂鲁侍萍,

①　赵耿林,2016,《语义缺省的认知拓扑研究》,博士学位论文,西南大学。

鲁大海拿出枪威胁鲁贵。话轮1"说"前承上文省略了"你","以后"前承上文省略了"自己","乱骂人"前承上文省略了"自己以后永远不再";话轮3"说"前因情景语境省略了"你","说"后承话轮1省略了"自己错了,以后永远不再乱说话,乱骂人";话轮4"放下"后因情景语境省略了"枪";话轮5"不"前承话轮4省略了"我","不"后承话轮4省略了"放下","说"后承话轮1省略了"自己错了,以后永远不再乱说话,乱骂人";话轮6"不骂人"前承前文省略了"我以后永远"。该例共六个话轮,50字,却有十处省略,省略不仅使得上下文、前言后语更为连贯,而且还使得言语和情景语境更为连贯。

省略的连贯功能更突出地表现在零形回指上。如:[1]

(11)可是,当你看到静静夜空中闪烁着寒光的小星星的时候,[e]说不定会把它们当作萤火虫呢。

(12)冯云卿四面张罗着,直到姨太太换好了衣服,[e]坐上了打电话雇来的汽车,[e]头也不回地走了后,[e]这才有时间再来推敲有关女儿的事情。

例(11)主语承状语省略了,属于句内省略。例(12)中前三处都承上文的"姨太太"省略,最后一处承前文的"冯云卿"省略。

值得注意的是,在一个话题链内,很多情况下宜采用省略来保证话题的连贯,不省略要么是出于强调的目的,要么就是语用失当。

(13)我来,我见,我征服。

(12a)冯云卿四面张罗着,他直到姨太太换好了衣服,她坐上了打电话雇来的汽车,她头也不回地走了后,他这才有时间再来推敲有关女儿的事情。

例(13)是凯撒的一句名言,三小句形成一个话题链,但后两句并未承前文省略"我",是因为恺撒有意突出"我",表现其天地之间唯我独尊的气概。例(12a)是将例(12)中省略的成分用代词还原后得到的

---

[1] 例(11)转引自洪心衡(1981),例(12)转引自蒋平(2004)。

句子，在句法上没有问题，但语用上可接受性较差；如果用名词性成分还原，更是不可接受。

(三) 突出焦点

从所传递的信息看，一个句子所包含的信息有两种：旧信息和新信息。旧信息是在语境中实际存在或者已经在语篇中提及，说话人认为受话人已经知道的信息；新信息是说话人认为受话人不知道的信息（Brown & Yule，1983）。旧信息是预设，新信息是焦点。① 信息的性质与省略关系密切。如：

(14) 老陈老爷见过洋鬼子，红眉毛，绿眼睛，走路时两条腿是直的。
(15) 甲：孩子晚上吃的什么？
　　　乙1：孩子晚上吃的牛扒、西葫芦炒鸡蛋。
　　　乙2：晚上吃的牛扒、西葫芦炒鸡蛋。
　　　乙3：吃的牛扒、西葫芦炒鸡蛋。
　　　乙4：牛扒、西葫芦炒鸡蛋。

例（14）中第一个小句设立了一个新话题——洋鬼子，后面的三个小句均是说明"洋鬼子"的。因为"洋鬼子"已在第一个小句出现，属于预设，因而后面三个小句只保留了焦点，省略了预设。例（15）对答句来说，与问句"什么"对应的成分是焦点，"孩子""晚上""吃"因为已在问话中提及，属于预设。乙1是三个预设和一个焦点的完整形式，乙2是两个预设和一个焦点的省略形式，乙3是一个预设和一个焦点的省略形式，乙4是只保留了焦点的省略形式。这四种回答都是有效的，可见一句话中的预设可多可少，可有可无，但必须要有焦点。

国内外许多学者都认同单一焦点原则，即一个句子只能有一个焦点成分（Cheng，1983；Lambrecht，1994；徐杰，2001；张全生，2010 等）。刘鑫民（1995）、杜道流（2000）、刘探宙（2008）等则提出一个句子可

---

① 关于焦点，学界有不同说法，可参考玄玥（2002）、黄瓒辉（2003）等。本章将焦点等同于新信息。

以有多重焦点。我们认同多重焦点说。如：①

（16）售票员：上车请买票。
乘客：三张天安门。

例（16）中乘客答话包括两个信息"三张"和"天安门"，都是焦点。根据上车购票的情景语境省略了预设信息，如果要还原的话，可以是：

（16a）售票员：上车请买票。
乘客：我买三张去天安门的票。

与预设相比，焦点都是凸显的，在韵律上通过重音来体现。将预设省略，预设和焦点在韵律上的对立由轻重对立转化为有无对立，毫无疑问将使焦点得到进一步的凸显，有利于听话人更快更准确地把握新信息。在嘈杂的环境或急切的场合进行交际时省略预设突出焦点是说话人常用的交际策略。

（四）后景化

陈平（1987）较早注意到，零形反指的小句在话语结构上一定得从属于先行语所在的小句，如果反指所在的小句与先行语所在的小句是平等关系或主从关系，那么反指所在小句不能采用零形式，即不可省略。下面是陈平所举的例子：

（17）他不想打架，虽然不怕打架。（主小句在前，从小句在后）
（17a）虽然不怕打架，他不想打架。（从小句在前，主小句在后）
（17b）*不想打架，虽然他不怕打架。（主小句在前，从小句在后）

---

① 该例转引自杜道流（2000）。

陈平的观察是准确的，触及句法结构和话语结构的关联性问题。在叙事语篇中，信息有前景和后景之别。根据屈承熹（2006），前景材料推动叙述进行，处于事件线索当中，倾向于以事件为序，使用非静态动词，用完成体表示。后景材料通常并不推动叙述进行，也不处于事件线索当中，其语序不必按时间排列，可以采用状态动词，并且通常用未完成体。

国外对前后景和句法结构关系的探讨要早一些。Hopper & Thompson（1980）在探讨及物性时就指出前景信息小句往往拥有高及物性特征，后景信息小句往往拥有低及物性特征。Reinhart（1984）发现后景表现事件过程以外的时间、条件、伴随状态等信息，具有从属性的句法特征。

在上述研究的基础上，方梅（2008）明确指出：“反指零形主语小句的功能类似形态语言的非限定性动词小句。这类小句与主语显现的小句相比较，句法上也存在一些限制。小句主语零形反指的实质是句法上的降级。”如：

(18) 红着脸，他不由得多看了她几眼。
(19) 病了，他舍不得钱去买药，自己硬挺着。

这类反指零形主语小句在句法上具有依附性，表现在两个方面：
一是反指零形主语小句和后面的小句主语同指。
二是反指零形主语小句没有时和语气成分，谓语部分的结构形式有限。

此外，零形反指具有一定的强制性。“主—次对比越强，主语零形反指的要求就越强。”[①] 例（18）中“红着脸”表示伴随状态，例（19）中“病了”表示条件，它们各自与后面的小句具有较为明显的主次关系，因此如果从小句的主语不省略，反而让人觉得别扭。如：

(18a) ？他红着脸，他不由得多看了她几眼。
(19a) ？他病了，他舍不得钱去买药，自己硬挺着。

---

① 方梅，2008，《由背景化触发的两种句法结构——主语零形反指和描写性关系从句》，《中国语文》第4期。

不仅反指零形主语小句有这样的现象，非反指零形主语小句也是如此。如：①

(20) 饿了三天，火气降下去，身上软得皮糖似的。(老舍《骆驼祥子》)

(21) 走进屋里，房间更小一些，只摆了一张床，一个茶几。(林海音《城南旧事》)

陈满华(2010)的研究显示，这类非反指零形主语小句和反指零形主语小句除了主语是否反指不同外，其余基本一致，如主语都是零形式，谓语都没有时和语气成分，结构都受限，都表达方式、条件、伴随等次要信息。

不过，陈满华把非反指零形主语小句看作背景化缺省，不视为省略，理由有三点：

第一，省略是为了避免重复；背景化缺省是因背景化的需要。

第二，省略的主语虽然省去了，但所指必须是明确的；背景化缺省的主语可能是明确的，也可能不明确。

第三，从信息传播的角度看，省略的主语很重要，受话人必须知道主语的确切所指，有时主语就是话题或焦点；背景化缺省的主语不太重要，主语的确切所指并非受话人必须知道，不是他们关心的话题或焦点。

我们认为，上述理由不能令人信服，非反指零形主语小句也是省略主语的小句，具体理由如下：

第一，省略的动因和语用价值都不是单一的，省略可以避免重复，但省略还有其他的语用价值，句法降级从而实现背景化也是其语用价值之一。

第二，省略具有可还原性，省略的主语所指应是明确的。所谓背景化缺省主语的所指也是明确的。下面是两例陈满华举的主语所指不明确的例子：

(22) 细看一下，游客随着时间的变化而变化。

---

① 例(20)、例(21)转引自陈满华(2010)。

(23) 一些人很努力却得不到的东西，有些人却无须努力便唾手可得。不过细想起来，这或许是一种幸运。

陈满华认为例（22）"细看"的主语是任指的，例（23）"细想"的主语"似乎是上下文所涉及的一个具体的人，但是实际上仍然以看作泛指的更合适"。

事实上，陈满华也分析了零形主语的先行语，指出有的是跨句回指，有的甚至是跨段回指。他之所以把例（22）、例（23）这类的非反指零形主语称为"无主语小句"，大概是因为在上下文中未找到先行语。其实，省略有时有先行语，有时没有先行语。句法省略和语境省略中的情景省略、百科知识省略都没有先行语。具体到上面两例，我们认为应属于情景省略中的自述省，所指是说话人，而不是泛指或任指的人。

尽管不同类型的省略有各自发生的条件，但有些条件具有共性。根据李晓奇（2015）的分析，所有省略至少要满足四个条件：

第一，存在完整形式。

第二，不重读。

第三，可以还原，从上下文或语用环境中能容易找回。

第四，受到一定的句法环境制约。

由此可见，省略成分一定不能是焦点。省略的主语和背景化缺省的主语所指对交际双方而言都是确定的，可以是话题，二者在重要性上无异。

综上所述，不论是反指零形主语还是非反指零形主语，实质都是主语省略，只不过这类主语省略除了有简洁的语用价值外，还可以达到句法降级从而实现后景化的效果。后景化从本质上说就是以句法上的低范畴等级形式将后景信息进行包装。①

（五）韵律和谐

韵律指音高、响度、语速、节奏等的变化。汉语是非常讲究韵律和谐的语言。利用省略造成韵律和谐的现象较为常见。如：②

---

① 方梅，2008，《由背景化触发的两种句法结构——主语零形反指和描写性关系从句》，《中国语文》第4期。

② 例（24）、例（25）转引自吕叔湘（1942）。

(24) 先泡一大碗炒米送手中，佐以酱薑。
(25) 又留蚊于素帐中，徐喷以烟。

根据冯胜利（2000），双音节形式春秋战国时期开始增多，到秦汉之交，呈倍增之势，两汉以后占据着绝对统治地位，双音节音步确立。例（24）中"佐"和例（25）中"喷"的宾语"之"都省略了，从而形成了四音节二音步的小句。

不仅小句内部讲究韵律和谐，小句与小句之间也有韵律和谐的问题。如：

(26) 为之，则难者亦易也；不为，则易者亦难矣。（《为学》）
(27) 乃饮酒，使宰献，而请安。（《左传·昭公二十七年》）

例（26）是由四个小句组成的并列复句，运用了对偶辞格：第一小句与第三小句相对，第二小句与第四小句相对。相对的两小句意义相反，音节数相同。第三小句为了保持与第一小句音节数的一致，省略了宾语"之"。例（27）是由三个小句组成的顺承复句，第一小句省略了主语，第二小句省略了主语和宾语，第三小句省略了主语和兼语。省略后3个小句音节数相同，韵律和谐，结构紧凑，一气呵成。

吕叔湘（1942）在论及上述现象时指出："在文言里，这一类省略当然是力求简洁，同时也受整齐律的支配。"我们认同吕叔湘的看法，人们可以通过省略调节小句的音节数量，从而使小句内停延段之间或小句之间音节数一致，达到韵律和谐的效果。

省略造成的韵律和谐不仅体现在音节数上，还体现在轻重音上。如：

(28) 书店售货员：先生，您想买什么？
　　　顾客：我想买本……小说吧。
　　　*我想买……本小说吧。

该例是李艳惠、冯胜利所举的例子。李艳惠、冯胜利（2015）认为，根据汉语的核心重音指派规则，"买"须将核心重音指派给宾语"一本书"。而在口语中，人们讲究轻重悬差，根据"重后则轻前"的原理（relative prominence principle），两个轻读的功能性成分"一"和"本"就突破了句法束缚，和前面的动词"买"发生了韵律重组。重组后的"买""一"和"本"都是轻读成分，在语流中"一"被吃掉，从而形成了"买本"的韵律组合。也就是说，"一"的省略是口语追求韵律轻重悬差的结果。

省略韵律和谐的语用价值还可以解释下面的现象：

（29）＊我吃米饭，他面条。
（30）我米饭，他面条。

例（29）是缺口句（Gapping）。缺口句是英语中典型的省略结构，而汉语中却不可接受。例（30）是并列空动词句（conjunctive empty verb sentences），汉语中是允许的。对比上述两例可以发现，汉语之所以不允许缺口句，不是句法上的原因，而是因为汉语偏好对举结构，追求韵律和谐。

第七章　现代汉语省略研究中有争议的几个具体问题

本章主要讨论附加成分省略、宾语省略、比较句省略、"的"字结构省略、量词短语省略和虚词省略这六个在省略研究中具有争议的问题。

一　关于附加成分省略问题

(一) 已有观点简介

根据 N. M. RAYeSKA 的总结，在传统语法中，省略句一般指省略主语或谓语的句子。一些语法学家持有另外一种观点：次要成分也存在省略。这种认识上的分歧汉语学界同样存在。纵观整个汉语语法研究史，在附加成分是否存在省略这一问题上，许多学者采取了回避的态度，就论及这一问题的学者看，至少有三种观点：肯定、否定和有限肯定。

马建忠的《马氏文通》和黎锦熙的《新著国语文法》等都未涉及这一问题。较早涉及这个问题的是王力。王力在《中国现代语法》中提到了"关系位的省略"，指出："关系位是处所末品、时间末品之类，在承说法里也是可以省略的。"他举了两个例子：

(1) 黛玉道："你上头去过了没有？"宝玉道："都去过了。"
(2) 我问他今天俱乐部里遇见了什么人，他说："遇见了二表兄。"

例 (1) 中处所名词"上头"应视为小主语。例 (2) 中的时间名词

"今天"和方位结构"俱乐部里"应视为状语,属于附加成分。①

此后,黎锦熙和刘世儒、洪心衡等在探讨省略类型举例时也曾涉及附加成分的省略。比如洪心衡在举例说明"见前的省略"时有下面两例:

(3) 他的嘴唇发白,牙齿也在打颤。
(4) 不应当把他们的理论当做教条看待,而应当看作行动的指南。

并在举例后指出上面两例是"状语、定语部分的一些词语在后一个同一地位省略去的"。

吕叔湘(1986)、方小燕(1989)、邵敬敏(1991)、郑远汉(1998)等明确指出过附加成分存在省略问题。方小燕的看法最为鲜明,明确指出现代汉语的成分省略不仅包括主语、谓语、宾语,还包括定语、状语和补语。郑远汉也说:"'这里昨天下了雨,现在还有很多积水',句首的处所词'这里'是两个小句共用的状语/主语,还是后边的小句承前边的小句省状语/主语?……'这幢楼房的外观设计不俗,内部设计却不切适用',前一句的定语'这幢楼房的'显然也管住了下一句的'内部设计',无论如何不能说是成分共用了,只能承认是省略。"

与上述观点相反,张静(1987)、范开泰和张亚军(2000)等则明确指出附加成分不存在省略问题。张静将句子成分的省略限定在主语、谓语、宾语和"的"字结构范围内,指出:"附加成分——定语、状语、补语都不影响句子结构的完整,一般都没有什么省略可说,即便有时可以很明显地知道应该有的并且可以补上的附加成分,也不能算句子成分的省略。"范开泰、张亚军提出省略的认定必须有一个句法的标准:"只有那些句法结构上必不可少的成分没有出现才是省略,不把省去的部分补上句法结构就不完整,或者虽然句子也能成立,但已不是原来所要表达的意思了。"因为附加成分一般不是"句法结构上必不可少的成分",因而也就不存在句法上的省略问题。

还有些学者也论及这一问题,但较为谨慎。郭中平(1957)指出单

---

① 王力指出,例(1)若不省略,该说:"上头都去过了。"例(2)若不省略,该说:"今天俱乐部里遇见了二表兄。"

纯省略定语、状语、补语的情况非常少见，在介绍简略句类型时也未举例说明。黄南松（1996）所谈的省略主要与论元有关，因为领属性定语有确定论元成分的作用，所以他也将这样的定语纳入考察范围。

学者们的回避和分歧也反映了该问题的复杂性。具体而言，我们认为这一问题涉及附加成分单独省略还是与中心语一起省略、对"成分共用"的认识、附加成分的类型和位置对省略的影响等等，需要逐一厘清。

先看吕叔湘（1986）举过的一个例子：

(5) 旁边一位阿姨的长发碰到我脸上，怪痒痒的，也不能去挠，手被管着呢。

吕叔湘分析说："第一处是借用前一小句的'我脸上'，这是公认合法的。第二处省略'我'，就有人认为不合法，因为第一小句里边的'我'处于定语的位置而这里被省略的是主语。第三处省略'我的'，也有人反对，理由是定语不能借用前边的。这些意见都失之于拘泥，只要不产生误解，这种省略是应该允许的。"从吕叔湘对该例的分析可以看出，附加成分和中心语一起省略（如上例的"我脸上"）是"公认合法的"。我们认可吕叔湘的观点。事实上，即使把省略限定在主语、谓语、宾语范围内的学者在举例时也可能涉及附加成分和中心语一起省略的情形。如下面的例（6）和例（7）分别是郭中平和邢福义举的例子：

(6) 你在矿里做了几年了？
  二十三年。（瞿秋白《美国的真正悲剧》）
(7) 屈：你懂得我的话么？
  宋：我懂得了，先生。（郭沫若《屈原》）

郭中平（1957）介绍省略类型时只涉及主语、谓语和宾语的省略，但作者在分析例（6）时认为该例省略了主语、谓语及其状语。邢福义（1980）明确指出省略句是主谓句的变式，"主谓句的主语、谓语或宾语有时有所省略，这就成为省略句"。但他认为例（7）中省略了宾语"（你的）话"。

看来，分歧主要是附加成分能否单独省略，也即例（5）中第三处是否省略了定语"我的"。就具体分析看,附加成分能否单独省略与人们对"成分共用"的认识有关。

下面三例是范开泰、张亚军(2000)举的例子:

(8) 大海!我心中伟大的启示录,不朽的经典。
(9) 全县第一个大画家是季陶民,第一个鉴赏家是叶三。
(10) 他从小不说谎,不骂人。

二位作者认为这三例句法结构本身是完整的。例(8)中"我心中"作"伟大的启示录,不朽的经典"这一联合短语的定语。例(9)"全县"是全句定语。例(10)二位作者并未分析。很明显,二位作者否定附加成分可以单独省略,把"我心中"和"全县"视为共用的定语。

我们认为,严格意义上的成分共用,属于句法分析范畴(如多动共宾),而句法分析应限定在小句范围内,小句与小句之间不存在成分共用的问题。例(8)中如果将"我心中伟大的启示录"和"不朽的经典"视为一个小句,那么认为"我心中"修饰整个联合词组"伟大的启示录,不朽的经典"是可以的。但是例(9)无论如何不能认为"全县"是共用定语,因为"全县第一个大画家是季陶民"和"第一个鉴赏家是叶三"毫无疑问是两个小句。例(10)"他从小不说谎"和"不骂人"也是两个小句,不能认为"从小"是"不说谎"和"不骂人"的共同状语,否则"他"就是二者的共同主语,如此则该例也不存在主语省略的问题,这是不可接受的。① 当然,如果认为不同小句共有的成分即是成分共用,以此否定省略,那么上述三例都可以认为存在成分共用问题。

上文提到,郑远汉(1998)指出下面两例不同:

(11) 这里昨天下了雨,现在还有很多积水。
(12) 这幢楼房的外观设计不俗,内部设计却不切适用。

---

① 黎锦熙、刘世儒(1957)中认为下例是共有省略,"志愿"前面省略了"米丘林":
(1) 米丘林的理想和志愿在苏维埃年代实现了。
张静(1987)认为该例不存在省略,"米丘林"修饰整个联合词组"理想和志愿"。张静的看法是对的,例中的"米丘林"可视为共用定语。

郑远汉认为例（11）中"这里"是两个小句共用的状语/主语还是后面的小句承前省略了状语/主语不能确定。例（12）尽管"这幢楼房"也管住了"内部设计"，但不能认为是成分共用。我们认为这两例都涉及两个小句，都不存在成分共用的问题。例（11）中后一小句承前省略了地点主语"这里"，例（12）更不存在成分共用问题，但是否存在省略，看法不一，郑远汉认为是定语省略，下面类似的情况张静（1987）却不认为是定语省略：

（13）路的一边是高山，一边是深洞。

该例是黎锦熙、刘世儒（1957）举的，二位作者认为后一小句的主语省略了定语"路的"。张静则认为该例虽然能明确地补出定语"路的"，但由于上文刚刚用过，不用也不影响结构的完整，把它"看作省略是不值得的"。

（二）我们的认识

其实，省略与否不涉及值不值得的问题，包括张静在内的一些学者之所以否定附加成分省略，最根本的原因是附加成分不涉及句法结构的完整性，正如郭中平所指出的："定语、状语和补语是起修饰作用的成分，从结构方面看不是主干，即使在有上下文的句子里，有这样的成分不嫌多，没有这样的成分也不嫌少。"我们认为以不涉及句法结构的完整性来否定附加成分的省略值得商榷，附加成分的类型和使用语境对省略有一定的影响，具体情况需要具体分析。例如：[1]

（14）不要把钱看得太重要，而是要看"轻"。
（15）你对这件事有意见吗？
　　　我没意见。
（16）他的头顶秃了，头发也白了。
（17）王母娘娘喝千年酿的葡萄酒，酒味好。

---

[1] 例（14）引自马云 2008 年 7 月 30 日在香港出席"菁英论坛"时的讲话，例（15）、例（16）、例（17）转引自郭中平（1957），例（18）转引自黎锦熙、刘世儒（1957），例（19）转引自范开泰、张亚军（2000），例（20）转引自习近平主席 2019 年新年贺词。

(18) 院子的一边有间厨房,一位老乡在里头筛米。

(19) 进城以后老张几次亲自做对虾,装满大饭盒,给我母亲送来。老伴病了,老张也到医院看望。

(20) 这一年,我们战胜各种风险挑战,推动经济高质量发展,加快新旧动能转换,保持经济运行在合理区间。

例(14)中"把"引出的"钱"充当的是谓语动词"看"的受事论元,介宾结构影响到句法结构的完整性,因而应认为该例后一小句省略了"把钱"。根据廖秋忠(1991)的说法,答句句式受问句句式的影响,采取跟问句相同的句式。因此,例(15)中答话应认为省略了介词结构"对这件事"。① 例(16)中领属性定语"他"在句首,根据曹逢甫(1990)、屈承熹(2006)等研究,"他"是话题②。承认"头发"前省略了"他的",有利于说明话题的性质和话题链的形成,因而我们认为将之视为省略更为妥当。郭中平认为例(17)后一小句的主语"酒"并非承前一小句的宾语省去了定语"千年酿的葡萄"。我们认为名词性成分具有回指功能,该例光杆名词"酒"回指前一小句中的"千年酿的葡萄酒",因而我们认可郭中平的看法。例(18)中"里头"与前一小句处于宾语位置的"厨房"在意义上存在领属关系,这是一种词汇衔接的手段,有助于语篇的连贯,不宜视为省略。范开泰、张亚军(2000)对附加成分省略持否定态度,不过他们也认为例(19)存在定语省略现象,因为"'老伴'是'我的老伴',不是指'老张的老伴',进行句法分析时,必须补上。不补上,虽然也成句,可表达的可能是另一种意思了"。孤立看后一句,"老伴"指向后一小句主语"老张",但前文"我母亲"提升了言者主语"我"的可及性,该例的"老伴"指向言者主语。不过,我们

---

① 从配价的角度看,"意见"是二价名词,需要用"对"引出意见所针对的对象,意义上才完足。

② 屈承熹(2006)认为,一个句子中的任何名词性成分都可能成为话题,它可能具有汉语话题特征中的所有特征、一部分特征或者一个特征,人们可以根据话题特征的多少判断他有多大可能性成为话题。根据屈提出的原型方法,在句子中,具有相同主要特征的两个名词,取具有次要特征较多的名词为话题。所以据屈承熹的研究,本章例(16)中的领属性定语"他"应为话题(相较于"头","他"多出了"位于句首"的次要特征)。屈承熹和曹逢甫都认为"在一个话题链中话题控制代词化和省略",据此,例(16)后一小句"头发也白了"前省略了定语"他"(也就是话题),也即实现了对话题的零形回指。

认为这类名词性成分的语义指向问题不宜视为省略。例（20）有四个小句，后三个小句承第一个小句省去了主语"我们"是毫无疑问的，那么如何看待整个句首的时间状语"这一年"呢？从理论上看，有两种可能：一是将"这一年"视为共用状语，修饰后面所有的四个小句；二是认为后面三个小句承前省略了。前面已经说过，成分共用宜限定在小句范围内，所以我们认为该例处理为语用上的状语省略更好。

综上所述，附加成分可以与中心语一起省略是有共识的。学界关于附加成分是否存在省略的分歧实际上是如何看待附加成分单独省略的问题。我们认为，不宜以成分共用来否定附加成分的省略，附加成分单独省略的情况是存在的，不过，附加成分省略应严格限制，能用回指、词汇衔接、语义指向等说明的问题，就不宜采用省略说。

二 关于宾语省略问题

（一）已有观点简介

马建忠（1989）指出"介字所司之字可省"，并未涉及动词宾语的省略问题。黎锦熙（1924）指出了省略的八种类型，其中之一是宾语省略。吕叔湘（1942）明确把宾语省略分为当前省略、承上省略和概括性省略三类。王力（1943）较多地涉及宾语省略问题，目的位的省略、表位的省略和习惯的省略都和宾语省略有关。目的位的省略是指"凡某人或某物上文已经提过了的，下文再用它们做目的位，就不妨省略了"。表位的省略是指判断词"是"后的宾语省略。习惯的省略则是与承说无关的省略。如：

(21) 你吃过没有？
(22) 自古以来，就只你一个会伏侍，我原不会伏侍。
(23) 是谁接了来的？也不告诉！

这三例王力认为属于习惯的省略。例（21）省略了宾语"饭"。例（22）所伏侍的人是谁，不必说出。例（23）"告诉"的宾语是谁，也不必说出。

近年来，周永和江火（2014）、田启林和温宾利（2015）、张天伟和马秀杰（2019）、叶狂（2020）等从形式语法角度探讨了宾语省略（或称空宾语）产生的本质。朱斌等（2018）以话剧《雷雨》为语料就汉语宾语省略的类型和特点进行了较为细致的描写。刘海咏（2017）等也在研究中涉及宾语省略问题，并从宾语省略的类型和特点角度进行过不同程度的英汉对比。

（二）我们的认识

我们认为，宾语省略实际上涉及三种情况：1. 因上下文明确而空缺宾语。2. 因情景语境明确而空缺宾语。3. 因泛指而空缺宾语。① 下面就按照这三种情况来检讨一下汉语宾语省略问题。

因上下文明确而空缺宾语的现象较为常见，在宾语省略问题上这一类现象也最为学者关注。除上面提及的学者外，高名凯（1948）、郭中平（1957）、邢福义（1980）、洪心衡（1981）、张静（1987）、黄伯荣和廖序东（2011）等都曾涉及这一现象。下面是郭中平举的两个例子：

（24）小芹去洗衣服，马上青年们也都去洗。（赵树理《小二黑结婚》）
（25）周繁漪：难喝，倒了它。
　　鲁四凤：倒了？（曹禺《雷雨》）

例（24）中第二个"洗"的宾语承前一个"洗"的宾语"衣服"而空缺了。例（25）是对话，应答句中"倒"的宾语承引发句中"倒"的宾语"它"而空缺了。

---

① 严格来说，以下三种情况也出现了宾语空缺：
(1) 吾尝终日不食，终夜不寝，以思，无益，补入学也。（《论语·卫灵公》）
(2) 那张桌子我昨天搬走了。
(3) 他把杯子打碎了。
例（1）是古汉语用例，介词"以"的宾语未出现。例（2）"搬"的宾语"那张桌子"话题化，移位到了句首。例（3）中用介词"把"将"打碎"的宾语"杯子"提前，形成旁格宾语。其中，例（1）属介词宾语省略。在现代汉语中，介词宾语不可省略，所以例（1）这类现象这里不予讨论。例（2）和例（3）本质上可视为动词宾语的句法移位，不属于省略范畴，所以这里也不予讨论。

有时，动词的宾语空缺了，但由于情景语境的作用，其所指是明确的。如：

(26) 鲁四凤：（递药给蘩漪）您喝吧。（曹禺《雷雨》）
(27) （深夜听到敲门声）妻子：你去看看。

例 (26) 从情景语境看，"喝"的宾语应该是"药"。例 (27) 从情景语境看，"看"的宾语应该是"谁敲门"。

宾语因泛指而空缺是指下面这类情况：

(28) 只要埋头学，不怕学不会。
(29) 一天不吃还可以，三天不吃受不了。
(30) 唱吧，唱吧，我们等得不耐烦了。

吕叔湘（1982）认为，"外动词原则上要有止词，没有止词的时候是省略"①。所以，尽管动词宾语可能是泛指的，吕叔湘也认为是省略：例 (28) "学"后省略了宾语"任何事"，例 (29) "吃"省略了宾语"东西"，例 (30) 中"唱"省略了宾语"歌"。

我们认为，第一类和第二类空缺宾语现象应视为省略，因为根据上下文或情景语境，宾语具有可还原性（recoverability），所还原的成分在语义上具有同一性。第三类空缺宾语是泛指（更具体地说是通指性泛指）。既然是泛指，就没有必要一定指出，因而视为隐含更合理。②

张国宪（1993）探讨了隐含的不同类型，其中一类是名词语的空位隐含。下面是他举的例子：

(31) 我们正在讨论。
(32) 新生下午学习。

---

① 吕叔湘，2014，《中国文法要略》，商务印书馆，第 31—32 页。例 (29) 至例 (30) 是吕叔湘所说的"概括性省略"的例子。
② 韩景泉（1997）将我们这里讨论的宾语空缺现象都视为话语省略。"乔姆斯基的空语类是一种句法现象，在句子语法研究之列，而汉语的这些空位宾语则是一种话语省略（discourse deletion）。作为一种话语现象，话语省略应属于篇章语法（discourse grammar）研究对象之一。"

我们认为，这两例因语境不同可以作不同的分析。如果"讨论"和"学习"的对象是确定的，只是因为语境的作用而出现空缺，那么应当视为省略；如果这两个动词支配的对象是泛指的（更具体地说是不定指性泛指），那么应当如张国宪所言视为隐含。省略还是隐含可以通过否定显现。宾语省略句一般可通过否定动词或者否定宾语两种方式来实现否定，而宾语隐含句则只能通过否定动词来实现否定。以例（31）为例，如果是省略宾语"职称问题"，可以有以下两种否定方式：

（33）别讨论职称问题了，讨论预算问题吧。
（34）别讨论了，吃饭吧。

而如果是宾语隐含句，则只能用例（34）来否定，不能用例（33）来否定。

下面两例值得注意：

（35）吃过了吗？
（36）好，我不说了。

例（35）如果用于见面时的问候，则"吃"可以"补出"宾语"饭"。例（36）中的"说"可以"补出"宾语"话"。补出"饭"和"话"后并未增加语义。这类宾语类似冯胜利所说的假宾语。从否定测试看，这类宾语更接近隐含而与省略不同，因而我们认为上述两例可视为宾语隐含句。

以上都是空缺单宾语的例子。根据黄南松（1996）的考察，双宾语和旁格宾语也存在省略现象。如：

（37）他听说来人医道高明，便立即上去请教。
（38）各地的青年人，听说富翁的女儿要招亲了，都带着贵重的礼物前来求婚。

根据上文，例（37）中"请教"的间接宾语和直接宾语分别是"来人"和"医道"。"求婚"需要用介词"向"引出一个对象论元，例

(38) 中根据上文,这个对象论元(即旁格宾语)是"富翁的女儿"。

也有学者对宾语省略持否定态度,代表性的学者是范开泰和张亚军(2000)。综合范开泰和张亚军的看法,他们否定宾语省略的论据主要是以下两点。

1. 如果把及物动词不带宾语的现象都视为省略,那么宾语省略的范围太大了。"如果接受这种宽泛的省略说,只要把考察的范围再扩大一些,就会发现,几乎到处都是这类宽泛的省略。"

2. 宾语不是句法结构上必不可少的成分,不影响句法结构的完整。空缺的宾语"从语义上可以补上,而句法上却并不缺少什么,不必补上,而且以不补出为常"。

我们认为,这两点都是可以商榷的。第一点实际上是频率问题。判断是否存在省略,似乎不宜以频率高低来论。不能因为宾语高频空缺,就否定其属于省略。实际上,论空缺的频率,宾语似乎不及主语。王力(1985)指出:"中国语里,目的位比主位较少省略,但也不算罕见。"郭中平(1957)也指出:"就简略句说,最常见的是略去主语的,单纯略去谓语或者单纯略去宾语的就少得多。"黄南松(1996)的定量考察表明,81.2%的省略是主语省略。汉语主语空缺是出了名的,可目之所及,至今未见一位学者因为主语高频空缺而否定汉语存在主语省略现象,恰恰相反,在汉语所有省略现象中,主语省略现象最为大家关注。

范开泰和张亚军(2000)提出了省略的判断标准:"只有那些句法结构上必不可少的成分没有出现才是省略;不把省去的部分补上句法结构就不完整,或者虽然句子也能成立,但已不是原来所要表达的意思了。"作者没有界定哪些成分是"句法结构上必不可少的成分",从举例看,二位作者认为主语是必不可少的成分,可并没有进一步论证。主语和宾语同样都是谓词的论元,同样都可以空缺(甚至主语空缺更为典型),为什么主语是句法上必不可少的成分而宾语不是?我们认为以此为由将宾语空缺视为语义问题而与句法无关是主观的。[①]

其实,范开泰和张亚军(2000)二位作者对此问题的认识自身也存在矛盾之处。面对宾语空缺,二位作者提出了两种可能的处理办法:

[①] 张国宪(1993b)一文中提出了必备补足语(obligalorische aktanten)和可选补足语(fakultative aktanten)两个概念。从行文看,作者认为主语是必备补足语,宾语是可选补足语,但同样没有论证。

一是着眼于它们能带宾语,是及物动词,那么不带宾语时便是省略。

二是着眼于它们经常也能不带宾语,那么带宾语时是及物动词,不带宾语时是不及物动词。

二位作者否定了第二种处理办法,因为"绝大部分动词都是既可带宾语,又可不带宾语,如果将这些动词都看作分属'及物''不及物'两类,则'及物''不及物'区分的必要性就要受到怀疑了"。我们认可二位作者的分析。第二种处理办法对英语是可行的,对汉语则行不通,那么实际上也只能采取第一种处理办法了,只是我们认为汉语中的宾语空缺不全是省略,还可能是隐含。

三 关于比较句省略问题

(一) 已有观点简介

关于比较句省略问题,学界同样看法不一。王力(1943)、郭中平(1957)、朱德熙(1982)等是从否定的角度来看待的。

王力将省略法分为两种:承说的省略和习惯的省略。习惯的省略中有一类叫"似省略而非省略"。王力指出:"有些句子形式,依一般的结构来看,似乎是有所省略;但是一般人所认为被省略的部分,却永远(或差不多永远)不曾出现过,可见并不是省略,只是本来如此。"下面即是王力所举的两个例子:

(39) 怎么我的心就和奶奶一样?
(40) 眼泪却像比旧年少了些的。

这两例是关于事物的比较的。王力指出,从逻辑上看,例(39)应该说"怎么我的心就和奶奶的心一样",例(40)应该说"今年的眼泪却像比旧年的眼泪少了些的",但是,"如果改为逻辑,倒反不合中国语的习惯了"[1]。可见,王力虽将例(39)、例(40)这类的句子纳入省略法来讨论,但他实际上并不认为上面两例是省略句。

---

[1] 王力,1985,《中国现代语法》,商务印书馆,第314—316页。

郭中平提出结构完整有三种不同的理解：逻辑的、理想的、现实的，将"我的饭量比你大"看成是"我的饭量比你的饭量大"的省略，是依据逻辑角度分析的结果。[1] 作者认为这种看法是有问题的，混淆了语法和逻辑的界限。

朱德熙则更是进一步指出，"我（的）书比他多"和"我（的）书比他的（书）多"在表意上是有差别的，前者是拿"我"跟"他"比，后者是拿"我的书"跟"他的（书）"进行比较。[2]

与上述看法相反，张志公（1953）、黎锦熙和刘世儒（1957）、洪心衡（1981）、吕叔湘（1986）、刘慧英（1992）、刘月华（2001）等是从肯定的角度来探讨的。其中，黎锦熙和刘世儒所持省略观最宽泛，共列举了近 20 个例子，转录几例如下：

(41) 我年纪比你大。
(42) 我的年纪比山的更大。
(43) 我比你大呢。
(44) 我懂的比你多。
(45) 我们的时光比以前更好了。

二位作者指出："和'形附'一样，'副附'本来没有什么'省略'可说的，因为语句里没有'副附'，那只是说话时大家觉得没有用它的必要；或紧接前文，或构成复合；若严格地说出些省略什么来，倒没多大实用，只算是逻辑上的讲究。"二位作者认为，例（41）"你"后省略了"年纪"；例（42）"山的"后也省略了"年纪"，因为有"的"，省略更明了；[3] 例（43）所比之点全省去，按习惯理解，"我"和"你"后都省去了"的年纪"；例（44）"你"后省略"懂的"，"的"字结构独立成文，省去本名；例（45）"以前"后省了"我们的时光"。[4]

---

[1] 郭中平，1957，《简略句、无主句、独词句》，新知识出版社，第 13—15 页。
[2] 朱德熙，1982，《语法讲义》，商务印书馆，第 190 页。
[3] 根据朱德熙（1982）的看法，"山的"不大能指称"山的年纪"，因而例（42）的可接受性较低。
[4] 黎锦熙，刘世儒，1957，《汉语语法教材》（第一编基本规律），商务印书馆，第 487—489 页。

吕叔湘（1986）后来持广义的省略观，专门提及了比较句的省略问题。下面是他举的两个例子：

(46) 你先去，你的路比我远。
(47) 他看球比打球的时候多。

吕叔湘认为，例（46）"我"后省略了"的路"，例（47）"看球"后省略了"的时候"，并且指出第一种情况比第二种情况更常见。[①]

刘慧英专门探讨了"比"字句的不对称问题。她认为省略是造成比较项结构类型不对称的主要原因之一，具体而言，包括六种情况：[②]

一是前项或后项省略名词性短语的中心语，如"小王比小李的年龄小"。

二是后项省略动词性短语的中心语，如"在本村干比到外村强"。

三是后项省略主谓短语中的谓语，如"他绘画比小李好"。

四是后项省略述宾短语中的宾语，如"会讲英语总比不会讲方便些"。

五是后项省略定语，如"他的散文比诗写得好"。

六是省略前项，如"身体比过去结实了"。

与上述两类看法都不同，张静（1987）认为不宜一概而论。他先后分析了三个黎锦熙、刘世儒（1957）列举的比较句：

(48) 麦穗比普通小麦大。
(49) 人比江河强了二百倍。
(50) 我的身体比你的好。

黎锦熙、刘世儒认为，例（48）"普通小麦"后省略了"麦穗"；例（49）属所比之点皆省去例，从上下文看，"人"和"江河"后省略了"的力量"；例（50）"你的"后省略了"身体"。张静认为，"麦穗比普通小麦大"比"麦穗比普通小麦麦穗大"更为常见，后者只是在特别强

[①] 吕叔湘，1986，《汉语句法的灵活性》，《中国语文》第1期。
[②] 刘慧英，1992，《小议"比"字句内比较项的不对称结构》，《汉语学习》第5期。

调"麦穗"时才使用。另外,"比普通小麦"或"比普通小麦麦穗"作状语,"麦穗"的隐现与否不影响句子结构的完整,因而不把例(48)看作省略句更合适。"人比江河强了二百倍"和"人的力量比江河的力量强了二百倍"意思不尽相同,是两个不同的句子,所以张静也认为例(49)不存在省略。张静认为例(50)中的"的"是偏正连词,连接定语和中心语,不说"的"后省略了中心语就不好解释,因此例(50)是省略句。①

(二) 我们的认识

刘焱(2004)对比较句作了全面而深入的研究。她将比较句的各组成成分细分为比较主体(X)、比较客体(Y)、比较项(W)、比较本体(O)、比较点(P)、比较结果(R)、比较专项(I)、比较差值(D)和比较词(M),并探讨了"比"字句的不对称现象。② 她首先提出所谓的不对称是比较项的不对称,而非"比"字前后成分长度的不对称,比较前项(比较本体)不等于"比"字前成分,比较后项(比较客体)也不等于"比"字后成分。进而,她指出不对称有两种:一种是假性不对称,另一种是真性不对称。③ 假性不对称是指这样一种现象:看起来"比"字前后成分不对称,而实际上比较项是对称的。如:

  (51) 动物园的猴子比狗熊多。
  (52) 他唱歌比唱戏好听。
  (53) 小王绘画比小李好。
  (54) 小立跑百米比谁都快。

例(51)对同一对象的不同方面进行比较,"动物园"是比较本体,"猴子"是比较主体,"狗熊"是比较客体。例(52)也是同一对

---

① 毫无疑问,张静对例(50)中"的"的作用的认识是不恰当的。

② 同一对象的不同方面进行比较时,该同一对象即为比较本体。不同对象进行比较时,比较的并不是这些对象的全部内容,而是就其某一方面的内容进行比较,比较的具体内容即为比较点。

③ 刘焱,2004,《现代汉语比较范畴的语义认知基础》,学林出版社,第78—79页。

象的不同方面进行比较,"他"是比较本体,"唱歌"是比较主体,"唱戏"是比较客体。例(53)是不同对象进行比较,"小王"是比较主体,"小李"是比较客体,"绘画"是比较点。例(54)也是不同对象进行比较,"小立"是比较主体,"谁"是比较客体,"跑百米"是比较点。刘焱认为,上述例子比较项是对称的,且都不是"省略句",因为"比较本体"是话题,具有话题延续性,比较客体前面一般不再出现比较本体,比较点的出现位置比较自由,"能否补出唯一或固定的省略的成分""这一标准不适合于有'比较本体'和'比较点'参与的'比'字句"。①

"当且仅当比较前项与比较后项的句法结构、长度等不相同时才是真正的不对称。"真性不对称有两种情况:一是比较主体隐含,二是比较项的省略。② 下面是比较主体隐含的例子:

(55)她比过去漂亮多了。
(56)许多东西都比广州贵,贵得多。

例(55)"她"是比较本体,"过去"是比较客体,隐含了比较主体,该比较主体是"现时",要补出的话可以是"现在"。例(56)"许多东西"是比较点,"广州"是比较客体,隐含了比较主体,该比较主体是"现场",要补出的话可以是"这儿"。言语活动总是在一定的时空中进行的,除非必要,"现时"和"现场"可隐而不现,受话人可通过"缺省推理"获得。

比较项的省略包括比较主体的省略和比较客体的省略。如:

(57)李家的老人与祁老爷同辈,而且身量只比祁老爷矮着不到一寸。
(58)[李成娘]叫媳妇给她缝过一条裤子,她认为很满意,比她自己做得细致。
(59)你买四条裤子肯定比买两条合适。

---

① 刘焱,2004,《现代汉语比较范畴的语义认知基础》,学林出版社,第80—83页。
② 刘焱,2004,《现代汉语比较范畴的语义认知基础》,学林出版社,第83—84页。下面的例(55)至例(59)转引自该著作。

例（57）后一分句中"身量"是比较点，"祁老爷"是比较客体，比较主体承前省略，从上文看，应该是"李家的老人"。例（58）最后一个分句中"她自己"是比较客体，比较主体承前省略，从上文看，应该是"媳妇"。例（59）中"你"是比较本体，"买四条裤子"是比较主体，"买两条"是比较客体，比较客体承比较主体省略了"裤子"。不过，例（57）、例（58）这类的前项省略是承前面的分句省略，涉及句法结构的完整性，而例（59）这类的后项省略是句内省略，与句法结构的完整性无关。

四 关于"的"字结构省略问题

（一）已有观点简介

最早提及"的"字结构省略问题的是黎锦熙（1942）。黎锦熙认为"的"字结构省略了中心语。如：

（60）大街上有一个卖花的。
（61）这些都是从大街上买来的。
（62）很可担忧的就是这些花都养不活。

黎锦熙认为上述例子中"的"字结构都省略了名词中心语：例（60）中的"的"字代"人"，例（61）中的"的"字代"物"，例（62）中的"的"字代"事"。

此后，张志公（1953）、黎锦熙和刘世儒（1957）、张静（1987）、王维贤（1985）等或明确肯定此类省略，或在探讨省略时举过这样的例子。如张志公将省略分为四类，其中之一是"在一般的叙述句中，省略的部分一定包含在上文里（只指作状语的中心名词）"。举的例子是：

（63）可是我的哭声被妈妈的压下去……
（64）政治教育的对象不用说比艺术教育的广大得多。

王维贤指出这类结构是多义的。如：

（65）买菜的是这个，买肉的是那个。

例（65）中"买菜的"和"买肉的"既可以指"买"的施事，也可以指"买"的工具。"这就说明，'买菜的'这个'的'字结构是某种结构的省略形式。不从结构省略角度就不能说明这种歧义现象及其他有关问题。"[①]

与上述观点相反，朱德熙（1982）明确对此持否定意见。朱德熙指出："有一种说法认为'的'字结构单说或者作主宾语的时候，后头省略了一个名词……可是事实上有很多'的'字结构后头很难补上什么适当的名词……可见'的'字后头有省略的说法也是难以成立的。"朱德熙举了六个例子：

（66）孩子们有的唱有的跳。
（67）他和骆驼都是逃出来的。
（68）至少他手中有条麻绳，不完全是空的。
（69）他年轻力壮，所差的是眼睛不好。
（70）酱油和醋一样打五分钱的。
（71）操纵这台机器的不是人，是一台计算机。

例（66）可视为中心语移位，后面不能补出。例（67）和例（70）主语均为并列成分，很难用一个恰当的词语概括并列成分。例（68）和例（71）由于语义的限制，"的"字后也无法补出中心语。例（69）"的"字后勉强可以补出"地方"。

（二）我们的认识

"的"字结构的名词性为大家所公认。其名词性是如何体现的呢？其中一个重要的方面即做主宾语。如果认为"的"字结构后面省略了中心

[①] 王维贤，1985，《说"省略"》，《中国语文》第6期。王维贤所说的结构省略更接近我们所说的隐含，关于隐含，我们将另文以详。

语，那么"的"字结构的性质也许要重新认识，句法分析也要进行调整。比如，黄伯荣、廖序东（2011）指出"的"字短语"由助词'的'附着在实词或短语后面组成，指称人或事物，属于名词性短语，能做主语、宾语"。举的例子如：

(72) 大的要照顾小的（作主语、宾语）

如果承认省略，那么上例就不能认为是"大的"作主语，"小的"作宾语，而是"大""小"作定语，主语中心语是省略的"人"或者"孩子"等。这么做，实质上也就取消了所谓的"的"字结构，更何况，正如朱德熙（1982）所指出的，还有一些"的"字结构由于各种不同原因不能补出所谓的中心语。

一些学者之所以认为"的"字结构省略了中心语，可能是因为在具体语境中，有些"的"字结构可以补出相应的名词。如：

(73) 院子里种了些花，鲜红的是玫瑰，红中带蓝的是蝴蝶兰，黄的是郁金香。
(74)（拿出两个苹果）你吃大一点的，我吃小一点的。

根据上文，例（73）三个"的"字结构后面都可以补出"花"。例（74）根据情景语境，两个"的"字结构后面都可以补出"苹果"。

我们认为，"的"字结构意义有较强的概括性，后面加上名词后，整个结构的意义要更为具体。在具体的语境中，意义较概括的"的"字结构和意义较具体的补出名词性成分的结构可以形成同义表达。也就是说，"鲜红的"和"鲜红的花"是语境义相同的两种表达式，前者非后者的省略式。"的"字结构语法上具有完整性和独立性，可以独立完成言语表达使命，并非一个完整结构省略后的留存部分，也并非是一个完整结构的替代式。

至于王维贤（1985）提到的歧义现象，在具体语境中是很少发生的。即使发生，也不能说明"的"字结构是某种结构的省略形式，因为"的"字结构意义具有较强的概括性，在不同语境中可能指称不同的人或事物，比如"新鲜的"可能指称空气、水果、蔬菜等等。①

需要注意的是,下例中的"银灰色的"与我们上面所说的"的"字结构不同:

(75) 甲:你想买个什么颜色的箱子?
乙:银灰色的。

例(75)中乙针对甲的提问进行回答,"银灰色的"应视为"我想买个银灰色的箱子"的省略形式,"银灰色的"作定语,其后省略了中心语"箱子"。这是假"的"字结构。

五 关于量词短语省略问题

(一) 已有观点简介

就我们掌握的资料看,最先涉及量词短语省略问题的是黎锦熙(1924)。他认为量词短语存在省略问题。如:

(76) 这一盆是我自己种的"墨菊花"。
(77) 今天的会到了两百人,其中劳动模范就有二十个。

---

① 形式语言学曾讨论过"的"字结构的称代问题,得出一些很有启发意义的认识。比如,在短语层面,如果中心语是施事、受事、与事和工具等论元成分,该中心语可以删去(喝啤酒的学生=喝啤酒的);如果中心语是方式、时间、地点等附加成分,该中心语不能删去(喝啤酒的酒吧≠喝啤酒的);如果领属结构的中心语是零价名词,那么领有成分和中心语都是抽象谓词的论元,中心语可删去(小王的书包=小王的);领属结构的中心语是有价名词,那么中心语是被扩展的词汇核心,不能删去(小王的眼睛≠小王的)。从找回的难度看,词汇范畴难于附加语难于论元,因而论元较容易被"的"字结构称代,附加语较难被称代,词汇范畴最难被称代。不过,在句子层面,它们都可能被删去。下面的例(1)和例(2)被称代的是附加语,例(3)和例(4)被称代的是词汇范畴。
(1) 你在技校都学会了哪些技术?开车的,修车的,多着呢。
(2) 旅客放行的时间已经公布了,但列车到站的还不知道。
(3) 我的眼睛比他的大。
(4) 老王的意见你已经知道了,我的你也该听听。
更详细的探讨可参看熊仲儒(2013)等。

黎锦熙认为例（76）量词短语后省略了"墨菊花"，例（77）量词短语后省略了"人"。

不过，黎锦熙作了限制，认为量词短语后面被省略的中心语"常要在句子里出现一回"，否则，就是将量词用作代名词。黎锦熙认为例（79）中"位"可直接代替所尊敬的人，就不存在省略了。①

(78) 他们几位都来了。

此后，学者们大多回避这一问题，只有郭中平（1957）、吕叔湘（1979）、黄伯荣和廖序东（2011）等在举例时涉及这一现象。比如，下面是吕叔湘举的两个例子：

(79) 稿子写得不好就重写，一次不行写两次，两次不行写三次。

(80) 他买了两本画报，我也买了一本。

吕叔湘认为例（79）中"一次""两次"前面省略了中心语"写"，例（80）中"一本"后省略了中心语"画报"。②

（二）我们的认识

我们认为，名量短语一般要与人或事物相联系，动量短语一般要与某种行为相联系，这种联系在具体语境中常常是确定的，因而常可以通过补出中心语来显示这种联系。上述两例即是如此。不仅补法确定，而且补出后不改变意思，应视为省略。

动量短语一般在句中充当补语或状语，间或充当定语，如果不承认例（79）省略了动词"写"，那么句中的动量短语"一次""两次"就得分析为主语。这是很难被接受的。例（80）中量词短语"一本"原本修饰"画报"，只不过中心语"画报"承前省略了。那么，在进行句法分析时如何看待例（80）中"一本"的性质呢？是定语还是宾语？我们认为，

---

① 黎锦熙，1992，《新著国语文法》，商务印书馆，第73—74页。
② 吕叔湘，1979，《汉语语法分析问题》，商务印书馆，第47页。

一般而言，省略不应改变剩余部分的句法性质，因此该例中"一本"仍应视为定语。

回过头来看黎锦熙所举的三个例子：例（76）中"这一盆"是定指量词短语，既然是定指量词短语，那么该量词短语所联系的事物在具体语境中一定是明确的（比如上文出现过的"花"，或情景语境中的"花"），否则便表意不清，因而我们认为该例应视为省略。例（77）中"二十个"指向劳动模范，例（78）中"几位"语义上指向"他们"，量词短语在语义上是完足的，不能或不宜再补出"中心语"，不宜视为省略。至于黎锦熙提出的量词短语后面被省略的中心语如未在句中出现就应将量词视为代名词的说法也是不恰当的。

实际上，量词短语难以补出中心语的例子不少。如：

（81）一打是十二个。
（82）同学们一个接着一个走出了教室。
（83）大傻瓜一个！
（84）酱油和醋你要哪个？
（85）楼上那家男的叫王永林，女的叫宋芳，一个是司机，一个是护士。①
（86）哥三个今天好好喝两杯。
（87）一遍课文都没读。
（88）他一次买了两部手机。

例（81）中的量词短语表示单纯的数量关系，并不与具体的人或事物相联系。例（82）中的"一个"指向大主语"同学们"。例（83）中的"一个"指向主语"大傻话"，属"NP 一个"固定格式。例（84）中"哪个"指向主语"酱油和醋"。例（85）中"一个"的数量意义很弱，主要起指代作用。例（86）中"三个"与意义上相联系的"哥"形成同位关系。例（87）中"一遍"指向谓语中心"读"。例（88）中"一次"指向谓语中心"买"。

除例（81）、例（85）外，上述六例量词短语充当的句法成分不同，

---

① 该例转引自陆俭明（2003）。

但它们的相同点也很明显：量词短语所联系的人、事物或行为动作均已在句中出现，句子在语义上是完整、清晰的，量词短语均难以再补充中心语，因而不能认为这些量词短语省略了中心语。例（81）单纯表示数量关系，自然无所谓中心语。例（85）中量词短语的主要作用是指代，因而也不宜认为省略了中心语。

由此可见，有些量词短语可以根据语境补出与其意义上相联系的中心语，否则该量词短语语义不完足，此种情况应视为省略。有些量词短语或者表示纯粹的数量，或者主要起指代作用，或者与它们语义上相联系的人、事物或行为已出现在小句中，其后不能补出中心语，因而也就不存在省略问题。

六　关于虚词省略问题

（一）已有观点简介

虚词可以和实词一同省略，这大体上是有共识的。如：

(89) 阴谋家的祸国更利害。
(90) 谁煎的？我。（曹禺《雷雨》）

例（89）是黎锦熙（1924）举的例子，黎锦熙指出，"阴谋家的祸国，比捣乱派更利害"省略之后即得到例（89）。例（90）是张静（1987）所举的例子，张静认为例（90）中的答话省略了谓语"煎的"。

在虚词能否单独省略这一问题上，许多学者采取了回避的态度，就论及这一问题的学者看，有肯定和否定两种不同的意见。

关于虚词省略问题，学界讨论较多的是介词省略。黎锦熙明确指出介词可省："介词有时省略了，那附加的实体词，其副位职务不变；例如关于时与地的名、代词，如去年、今日、明晚、那边、这儿等，本身虽是实体词，却常用作副词性的附加语。"下面是作者举的两个例子：

(91) 这座铁桥，今年秋季完工。

(92) 大江东去。

黎锦熙认为例（91）中"今年秋季"前省略了介词"在""当"或"到"，例（92）中"东"前省略了介词"向"或"往"。不论介词是否省略，都不影响"今年秋季""东"副词性附加语（按：大体相当于状语）的性质。①

黎锦熙所说的介词省略范围较大，并非仅仅局限于时地成分。如：

(93) 你怎么一个字都不认得？
(94) 拼音的文字。

黎锦熙指出，"连"和"把"一样可以提宾，但如例（93）所示，"连"可以省略。"由散动词结合他种词类而成的短语，常可以作形状形容词用；但必用一'的'字连接到名词上来，这'的'字便叫'准介词'"。如例（94）所示，这"准介词""的"有时也可以省略。②

此后，张志公（1953）、黎锦熙、刘世儒（1957）等也明确提出了介词省略的观点。洪心衡（1981）、王维贤（1985）、范开泰和张亚军（2000）等虽未明确将介词省略视为省略类型之一，但在探讨省略现象时涉及了介词省略现象。如：

(95) 后院里，人家正说和事呢，（没人买您的东西！）
(96) 在这样的山路上行车，技术再高的司机也得把眼睛瞪得大大的，嘴巴闭得紧紧的。

例（95）是黎锦熙举的例子。王维贤将之与下面的例（97）至例（99）进行对比后提出将例（95）中"后院里"视为"在后院里"的省略形式"更可以看出这些句子的结构和语义之间的关系，对语法规律作出更全面、更合理的解释"。范开泰和张亚军认为例（96）的"嘴巴"前必须补上"把"，句法结构才能分析。

---

① 黎锦熙，1992，《新著国语文法》，商务印书馆，第44页。
② 黎锦熙，1992，《新著国语文法》，商务印书馆，第38、122页。

（97）人家正在后院里说和事呢……
（98）人家在后院里正说和事呢……
（99）在后院里，人家正说和事呢……

除了介词，还有学者涉及了关联词语的省略问题。史锡尧、杨庆蕙（1984）提出复句中的关联词语可以省略。下面是他们举的两个例子：

（100）伙计们可以随时出去，半夜里拿人是常有的事；长官可不能老伺候着。（老舍《上任》）
（101）她起先还怕招得人来看笑话，憋住气不想哭，后来实在支不住了，只顾喘气，想哭也哭不上来……（赵树理《登记》）

史锡尧、杨庆蕙认为，例（100）中"半夜"前省略了"因为"，"长官"前省略了"然而"；例（101）中"还"和"怕"之间省略了"因为"，"憋住"前省略了"就"，"只"前省略了"但是却"。①

张国宪（1993b）区分了省略和隐含，认为隐含或具有隐含成分的确定性，或具有补回后结构的合法性，但二者不能兼而有之。在探讨隐含的类型时有一类叫"关联词语的空位隐含"。下面是他所列举的三个例子：

（102）我们不见不散。
（103）时间再紧也要保证质量。
（104）小孙不高不低（中等身材。）

张国宪认为例（102）中隐含着"如果……就……""假如……就……"的意思，例（103）隐含着"即使"或"无论"的意思，例（104）隐含着"既……又……""又……又……"的意思。②

张国宪之所以认为上述三例隐含着关联词语，是因为他认为它们都是紧缩复句，"这些关联词语在理解句义时要添补上去，但在实际表达的时

---

① 史锡尧、杨庆蕙主编，1984，《现代汉语》，北京师范大学出版社，第561—562页。
② 张国宪，1993，《谈隐含》，《中国语文》第2期。

候并不需要出现"。换句话说，这些关联词语具有确定性，但不具有补回后结构的合法性。① 按照张国宪对省略和隐含的界定，如果不是紧缩复句，关联词语既具有确定性，又具有补回后结构的合法性，那么这样的情况就应视为关联词语的省略。

关于虚词省略，黎锦熙还涉及了结构助词"的"的省略问题。他在《新著国语文法》指出形容词大都可以添语尾"的"。如：②

（105）青的山，绿的水，高大的房屋，红色的封套，许多的东西，大好的春光

他认为例（105）中的语尾"的"都可以省略。

与上述看法相反，张静（1987）明确否定虚词存在省略现象。他在分析黎锦熙、刘世儒（1957）举的两个介词省略的例子时指出："介词是虚词，用与不用完全看句法上的需要。如果词序、实词等能够表明句法关系时，不一定用虚词，因此虚词是无所谓省略的。"他进一步指出，认为"理想、志愿都实现了"省略了连词"和"，"你快来"省略了语气词"吧"，"我头疼，不去看戏了"省略了连词"因为""所以"，"不仅是滥用省略，而且不像讲语法"③。

（二）我们的认识

一般认为，虚词基本没有词汇意义，只表达某种句法关系或句间关系。因此，从句子的语义上看，虚词自然是无所谓省略的；从句法上看，虚词是表达语法意义的重要手段之一，但不是必需的手段，正如张静指出的，"用与不用完全看句法上的需要"，只有在句法上需要而未出现时方才可以认为省略了某虚词。以此观之，以往一些学者提出的所谓省略虚词的例句我们认为并不存在省略虚词的问题。如例（91）中时间名词短语"今年秋季"可以直接作时间状语而无需介词引介。例（93）中用不用"连"字，句子是两种不同的结构，因而不宜认为省略了"连"。例（95）可视为例（97）、例（98）中地点成分话题化的结

---

① 实际上例（103）和例（104）补回后结构是合法的。
② 例（105）中的"红色""许多"其实不是形容词。
③ 张静，1987，《汉语语法问题》，中国社会科学出版社，第477页。

果,与例(99)的单纯移位并不完全相同,因而也不宜视为省略了"在"。至于例(100)中的这类关联词语和例(70)中的结构助词,更不是必需的,甚至不用更好。只有例(96)中存在虚词省略。范开泰、张亚军(2000)指出,如果不认为省略了介词"把",那么如下图所示,"把眼睛瞪得大大的"和"嘴巴闭得紧紧的"之间的句法结构关系无法判定。

(106) 在这样的山路上行车,技术再高的司机也得→
→把眼睛瞪得大大的,嘴巴闭得紧紧的

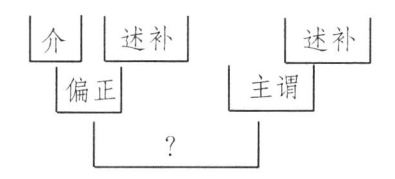

```
┌─介─┬─述补─┐   ┌─述补─┐
│    │      │   │      │
└─偏正─────┘   └─主谓─┘
     │              │
     └──────?───────┘
```

我们认为,"把眼睛瞪得大大的"和"嘴巴闭得紧紧的"分属不同的小句,它们之间不存在句法结构关系。我们之所以认为"嘴巴"前省略了"把",是因为从上文看,"嘴巴闭得紧紧的"前应该是省略了"技术再高的司机也得",而"技术再高的司机也得嘴巴闭得紧紧的"这句话是有语病的,"嘴巴"需要"把"的引介方能做状语。类似的例子再如:

(107)(他)早晨从北门进园,南门出去;晚上从南门进园,北门出去。①

同样的道理,"(他)早晨南门出去"和"(他)晚上北门出去"是有语病的,"南门"和"北门"需要"从"的引介方能做状语。

总之,我们认为,从语义上看,虚词无所谓省略的问题。从句法上看,只有那些句法上必须要求出现某个虚词而该虚词未出现的情形才能视为省略了该虚词。随意扩大虚词省略的范围或全盘否定虚词存在省略现象的观点都失之偏颇。全盘否定虚词省略可能会导致句法分析的困难,而随

---

① 该例转引自洪心衡(1981)。

意扩大虚词省略的范围则"不仅是滥用省略,而且不像讲语法"。我们同意郭中平的观点:"我们说句子是简略(按:相当于"省略")形式或其他变态,是出于不得已;凡是不如此也可以分析解释的,就尽量不乞援于简略形式或其他变态的说法。"①

---

① 郭中平,1957,《简略句、无主句、独词句》,新知识出版社,第19页。

第八章 现代汉语书面规定语体中省略情况考察
——以《中华人民共和国民法典》为例

郑远汉（1998）指出省略研究应从不同语体的实际出发，并通过统计总结了正式语体与非正式语体省略的特点与差异。陶红印（1999）指出，以语体为核心的语法描写应该是我们今后语言研究最基本的出发点。以往有关省略的研究多以文艺语体为考察对象，书面规定语体的相关成果甚少，且以举要论述居多，主要集中于省略成分和召回成分的类型、承前省略和蒙后省略等问题，视角相对单一，研究也有待深入。《中华人民共和国民法典》作为我国基本法之一，属于典型的书面规定语体，我们将句法因素和语篇因素相结合，对其中第一编即总则部分（以下简称《民法典》）的省略现象进行多角度的定量考察，挖掘其省略的特点，并尝试探究影响其省略的因素。

一 《民法典》省略的类型

《民法典》共有 16118 字，354 个句子，发生省略的有 144 个句子 (40.68%)；共有 143 个单句，发生省略的有四个 (2.80%)；共有 603 个分句，发生省略的有 234 个 (38.81%)。有时一个单句或分句中不止一处省略，《民法典》共有省略 264 处，平均每万字省略约 164 处。我们将从句法成分、句法性质、语境类型、小句类型和召回距离等五个角度对《民法典》中的省略进行分类考察。

（一）省略的句法成分类型

从句法成分的角度，可将省略分为主语省略、宾语省略等，省略成分不限于一个。

1. 单成分省略

单成分省略共有 239 处（90.53%），省略成分包括主语、宾语、兼语、定语和状语。

（1）主语省略

主语省略共有 208 处（87.02%），召回成分包括主语、宾语、定语、兼语、前一小句、上文语境和百科知识。

①召回成分为主语

召回成分以主语为主，共有 149 处（71.63%），包括普通主语 138 处和特殊主语 11 处。如：

（1）<u>物权</u>是权利人依法对特定的物享有直接支配和排他的权利，[e] 包括所有权、用益物权和担保物权。（第一百一十四条）

（2）<u>监护人</u>被指定后，[e] 不得擅自变更；[e] 擅自变更的，不免除被指定的监护人的责任。（第三十一条）

"物权"是普通的小句主语；"监护人"是状语中的主语。此外，还有定语从句和宾语从句中的主语、小主语、介词宾语的定语中的主语等，限于篇幅，不一一列举。

②召回成分为宾语

召回成分是宾语的共有 10 处（4.81%），包括动词宾语和介词宾语。如：

（3）行为人没有代理权、超越代理权或者代理权终止后，仍然实施<u>代理行为</u>，[e] 未经被代理人追认的，[e] 对被代理人不发生效力。（第一百七十一条）

（4）对同一<u>自然人</u>，有的利害关系人申请宣告死亡，有的利害关系人申请宣告失踪，[e] 符合本法规定的宣告死亡条件的，人民法院应当宣告死亡。（第四十七条）

③召回成分为定语

召回成分是定语的共有 8 处（3.85%），既包括主语的定语，也包括宾语的定语。如：

(5) 法人的实际情况与登记的事项不一致的,[e] 不得对抗善意相对人。(第六十五条)

(6) 法人的清算程序和清算组职权,依照有关法律的规定;[e] 没有规定的,参照适用公司法的有关规定。(第七十一条)

④召回成分为兼语

召回成分是兼语的共有 2 处 (0.96%)。如:

(7) 被撤销死亡宣告的人有权请求依照继承法取得其财产的民事主体返还财产。[e] 无法返还的,[e] 应当给予适当补偿。(第五十三条)

⑤召回成分为前一小句

有时召回成分是前一小句,即上文所述事件,共有 5 处 (2.40%)。如:

(8) 自然人被宣告死亡但是并未死亡的,[e] 不影响该自然人在被宣告死亡期间实施的民事法律行为的效力。(第四十九条)[1]

(9) 相对人可以催告被代理人自收到通知之日起一个月内予以追认。被代理人未作表示的,[e] 视为拒绝追认。(第一百七十一条)

⑥召回成分为从上文语境中整合

有 2 处召回成分比较特殊,不直接是句中某一成分,需要根据上下文语境重新整合。如:

(10) 具有完全民事行为能力的成年人,可以与其近亲属、其他愿意担任监护人的个人或者组织事先协商,以书面形式确定自己的监护人。[e] 协商确定的监护人在该成年人丧失或者部分丧失民事行

---

[1] 前一小句中的"的"有自指标记和假设标记两种理解,若视为自指标记,后一小句中则不存在省略。我们对《民法典》中的省略持宽泛的标准,当涉及两解的情况时,若能视为省略则都视为省略。

为能力时，履行监护职责。(第三十三条)

（11）个体工商户的债务，个人经营的，以个人财产承担；家庭经营的，以家庭财产承担；[e] 无法区分的，以家庭财产承担。(第五十六条)

召回成分分别为"具有完全民事行为能力的成年人与其近亲属、其他愿意担任监护人的个人或者组织""个人经营和家庭经营"。

⑦召回成分从百科知识中提取

召回成分是根据百科知识而确定的共有32处（15.38%）。如：

（12）为了公共利益的需要，[e] 依照法律规定的权限和程序征收、征用不动产或者动产的，[e] 应当给予公平、合理的补偿。(第一百一十七条)

（13）在诉讼时效期间的最后六个月内，因下列障碍，[e] 不能行使请求权的，诉讼时效中止。(第一百九十四条)

根据百科知识可推知召回成分分别为"征收方"和"权利人"。

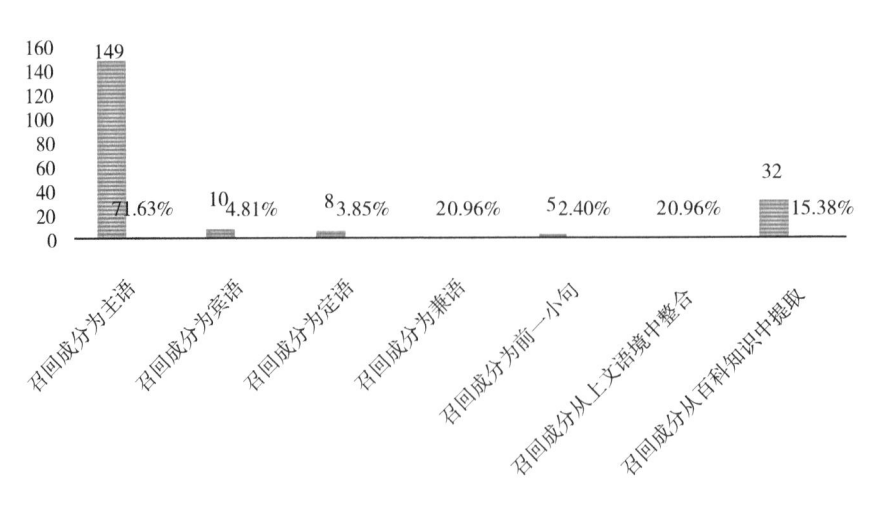

图 8-1　主语省略的召回成分类型

（2）宾语省略

宾语省略共有 20 处（8.37%），召回成分包括宾语、主语和百科知识。

①召回成分为宾语
召回成分为宾语的共有 9 处（45%），既有普通宾语也有特殊宾语。如：

（14）前款规定的个人和民政部门以外的组织未及时向人民法院申请撤销监护人资格的，民政部门应当向人民法院申请［e］。（第三十六条）

（15）诉讼时效期间届满的，义务人可以提出不履行义务的抗辩。

诉讼时效期间届满后，义务人同意履行［e］的，不得以诉讼时效期间届满为由抗辩；义务人已自愿履行［e］的，不得请求返还。（第一百九十二条）

②召回成分为主语
召回成分为主语的共有 6 处（30%），包括普通主语四处以及特殊主语两处。如：

（16）没有侵权人、侵权人逃逸或者无力承担民事责任，受害人请求补偿的，受益人应当给予［e］适当补偿。（第一百八十三条）

（17）民事法律行为被追认前，善意相对人有撤销［e］的权利。（第一百四十五条）

当召回成分为主语时，若主语为有生命的主体，则省略的宾语都是双宾语中的间接宾语。

③召回成分从百科知识中提取
召回成分是根据百科知识而确定的共有 5 处（25%）。如：

（18）诉讼时效期间届满后，义务人同意履行的，不得以诉讼时效期间届满为由抗辩；义务人已自愿履行的，不得请求返还［e］。（第一百九十二条）

（19）危险由自然原因引起的，紧急避险人不承担民事责任，可以给予［e］适当补偿。（第一百八十二条）

根据百科知识可推知召回成分分别为"补偿"和"受害人"。

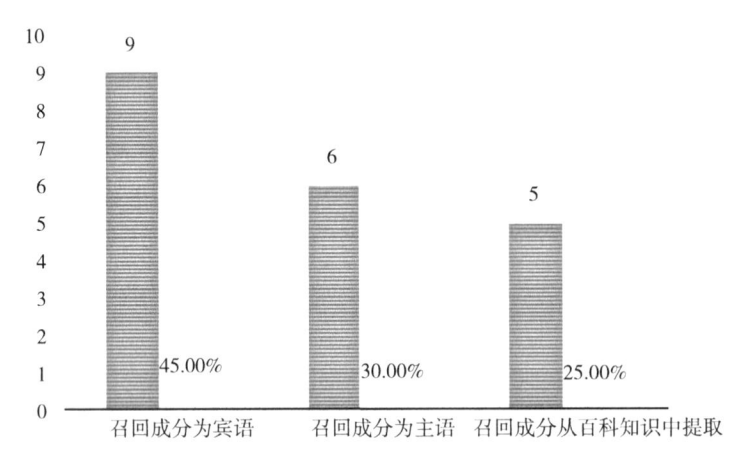

图 8-2　宾语省略的召回成分类型

（3）状语省略

状语省略共有 5 处（2.10%），召回成分包括状语和上文语境。

①召回成分为状语

召回成分是状语的共有 2 处（40%）。如：

（20）对同一自然人，有的利害关系人申请宣告死亡，[e] 有的利害关系人申请宣告失踪，符合本法规定的宣告死亡条件的，人民法院应当宣告死亡。（第四十七条）

（21）诉讼时效期间届满后，义务人同意履行的，不得以诉讼时效期间届满为由抗辩；[e] 义务人已自愿履行的，不得请求返还。（第一百九十二条）

"对同一自然人"是介宾短语作状语；"诉讼时效期间届满后"是时间状语。

②召回成分从上文语境中整合

有 3 处召回成分比较特殊，不直接是句中某一成分，需要用介词"对"引入。如：

（22）行为人没有代理权、超越代理权或者代理权终止后，仍然实施代理行为，未经被代理人追认的，对被代理人不发生效力。

相对人可以催告被代理人自收到通知之日起一个月内[e]予以追认。（第一百七十一条）

"对代理行为"是用介词"对"引入承前的宾语。另外两处分别是用介词"对"引入承前的主语和兼语。

(4) 定语省略

定语省略共有4处（1.67%），省略的都是主语的定语，召回成分包括主语和主语的定语。

①召回成分为主语

(23) <u>自然人</u>以户籍登记或者其他有效身份登记记载的居所为住所；[e]经常居所与住所不一致的，[e]经常居所视为住所。（第二十五条）

②召回成分为主语的定语

(24) <u>营利法人的权力机构、执行机构作出决议的会议</u>召集程序、表决方式违反法律、行政法规、法人章程，或者[e]决议内容违反法人章程的，营利法人的出资人可以请求人民法院撤销该决议，但是营利法人依据该决议与善意相对人形成的民事法律关系不受影响。（第八十五条）

(25) <u>被宣告死亡的人</u>的婚姻关系，自死亡宣告之日起消灭。死亡宣告被撤销的，[e]婚姻关系自撤销死亡宣告之日起自行恢复，但是其配偶再婚或者向婚姻登记机关书面声明不愿意恢复的除外。（第五十一条）

(5) 兼语省略

兼语省略仅1处（0.42%），召回成分是根据百科知识而确定的。如：

(26) 诉讼时效期间届满后，义务人同意履行的，不得以诉讼时效期间届满为由抗辩；义务人已自愿履行的，不得请求[e]返还。（第一百九十二条）

根据百科知识可推知召回成分为"权利人"。

(6) 介词省略

有 1 处非成分词的省略,为介词省略。如:

(27) 连带责任,<u>由</u>法律规定或者 [e] 当事人约定。(第一百七十八条)

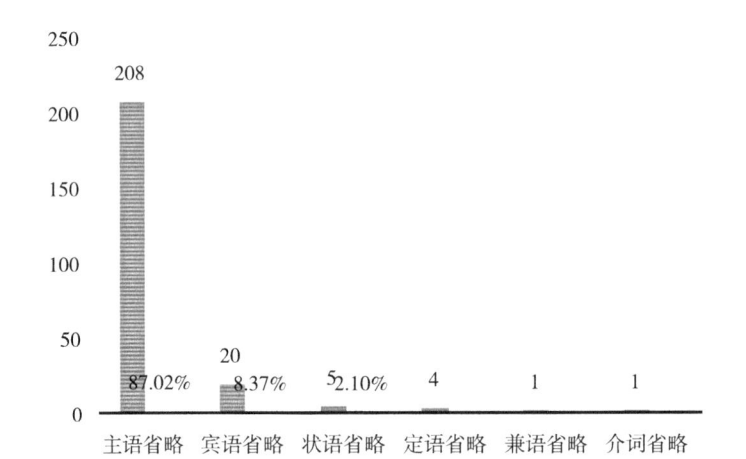

```
250
200  208
150
100
 50       20
         8.37%  5        4       1       1
  0 87.02%    2.10%
   主语省略 宾语省略 状语省略 定语省略 兼语省略 介词省略
```

图 8-3　单成分省略的类型

2. 多成分省略

多成分省略共有 25 处 (9.47%),包括两个成分省略 22 处和三个成分省略 3 处,省略成分可以是主语和状语,大主语和小主语,主语、状语和状语,状语、谓语和宾语,省略成分和召回成分均相同。

(1) 主语+状语

主语+状语省略共有 21 处。如:

(28) <u>民事主体</u>从事民事活动,<u>应当</u>遵循公平原则,[e] 合理确定各方的权利和义务。(第六条)

(29) <u>有独立经费的机关和承担行政职能的法定机构从成立之日起</u>,具有机关法人资格,[e] 可以从事为履行职能所需要的民事活动。(第九十七条)

(2) 大主语+小主语

大主语+小主语省略仅1处。如：

(30) 以非对话方式作出的采用数据电文形式的意思表示，相对人指定特定系统接收数据电文的，该数据电文进入该特定系统时生效；[e] 未指定特定系统的，相对人知道或者应当知道该数据电文进入其系统时生效。(第一百三十七条)

(3) 主语+状语+状语

主语+状语+状语省略共有2处。如：

(31) 自然人从出生时起到死亡时止，具有民事权利能力，依法享有民事权利，[e] 承担民事义务。(第十三条)

(32) 附条件的民事法律行为①，当事人为自己的利益不正当地阻止条件成就的，视为条件已成就；[e] 不正当地促成条件成就的，视为条件不成就。(第一百五十九条)

(4) 状语+谓语+宾语

状语+谓语+宾语省略仅1处。如：

(33) 当事人自知道或者应当知道撤销事由之日起一年内[e]、重大误解的当事人自知道或者应当知道撤销事由之日起三个月内没有行使撤销权。(第一百五十二条)

(二) 省略的句法性质类型

根据省略部位的句法性质，可将省略分为名词性成分省略、动词性成分省略等，包括单部位省略和多部位省略。

1. 单部位省略

单部位省略共有240处（90.91%），其中名词性成分省略最常见

---

① 此处有语病，应为"对于附条件的民事法律行为"，因此我们将其视为介词短语。

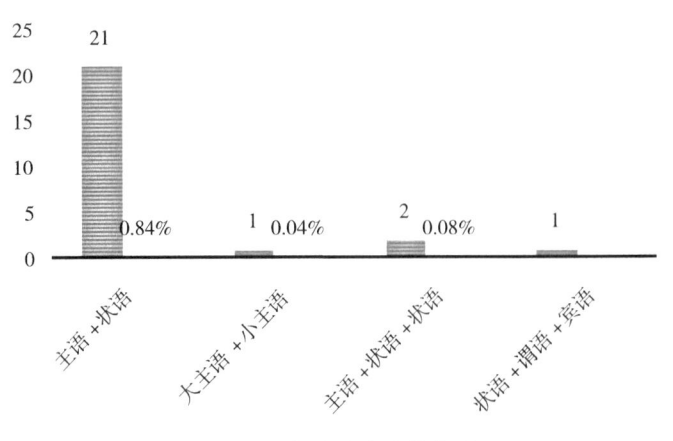

图 8-4　多成分省略的类型

[如例（1）]，此外还有动词性成分省略［如例（14）］、介词或介词短语省略［如例（27）、例（20）］、小句省略［如例（8）］。

2. 多部位省略

多部位省略共有 24 处（9.09%），其中"名词性成分+副词性成分"省略最常见［如例（28）］，此外还有"名词性成分+介词短语"省略［如例（29）］，"名词性成分+名词性成分"省略［如例（30）］，"名词性成分+介词短语+副词性成分"省略［如例（31）］，"介词短语+名词性成分+介词短语"省略［如例（32）］，"副词性成分+动词性成分+名词性成分"省略［如例（33）］。

（三）省略的语境类型

根据省略所依赖的语境类型，可将省略分为上下文省略、情景省略和百科知识省略。《民法典》中，只有上下文省略和百科知识省略，前者包括承前省略和蒙后省略。其中承前省略 217 处（82.20%）、蒙后省略 9 处（3.41%）、百科知识省略 38 处（14.39%），分别如例（1）、例（33）和例（12）所示。

（四）省略的小句类型

根据省略所在小句的类型，可将省略分为单句省略、分句省略和从句省略。《民法典》中共有单句省略 4 处（1.52%）、分句省略 222 处（84.09%）、从句省略 38 处（14.39%），分别如例（34）、例（1）和例

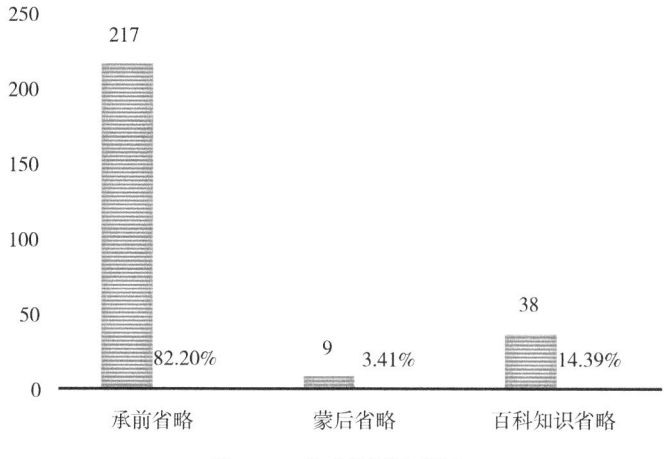

图 8-5 省略的语境类型

（17）所示。

(34) <u>为公益目的成立的非营利法人</u>终止时，[e] 不得向出资人、设立人或者会员分配剩余财产。(第九十五条)

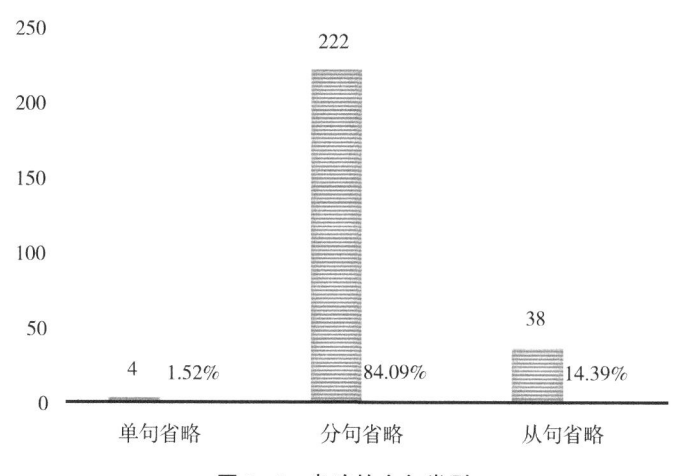

图 8-6 省略的小句类型

（五）省略的召回距离类型

上下文省略的召回成分或召回成分的主体部分都可以在上下文中直接

找到，省略部位所在小句和召回成分所在小句之间的距离有的是同一小句，有的是同一句内的不同小句，有的是跨句的，我们分别称之为句内省略、小句之间省略、跨句省略。《民法典》中共有小句之间省略174个（76.99%）、跨句省略42个（18.58%）、句内省略10个（4.42%）。小句之间省略和跨句省略都涉及省略成分和召回成分之间间隔小句的数量问题，除零间隔的情况外，前者的间隔只涉及分句，最多间隔四个小句，后者涉及单句和分句，甚至段落，最多间隔18段、七个单句和41个分句，即例（38）。

小句之间省略以零间隔为主（117/67.24%），非零间隔情况也有所不同。如：

（35）民事主体从事民事活动，[e] 不得违反法律，[e] 不得违背公序良俗。（第八条）

（36）机关法人1被撤销的，法人终止，其民事权利和义务2由继任的机关法人享有和承担；[e] 1没有继任的机关法人的，[e] 2由作出撤销决定的机关法人享有和承担。（第九十八条）

例（35）中第一处省略是零间隔，第二处间隔一个分句，间隔小句的主语与其相同且也省略，形成话题链。例（36）中两处省略分别间隔两个分句和一个分句，前者间隔的两个分句中主语均不与其相同，后者间隔的一个分句中主语省略但与其不同。

跨句省略包括零间隔［如例（7）］、跨句但不跨段［如例（25）］以及跨段［如例（22）］。

句内省略可发生于单句和从句中，单句中都有状语，如例（34），从句如例（17）。

二 《民法典》省略的特点

（一）省略成分和召回成分的句中位置倾向对称

在《民法典》中，省略成分和召回成分在小句中的位置呈现出规则性，主要有对称式（201/88.94%）和顶接式（7/3.10%）两种对应关系

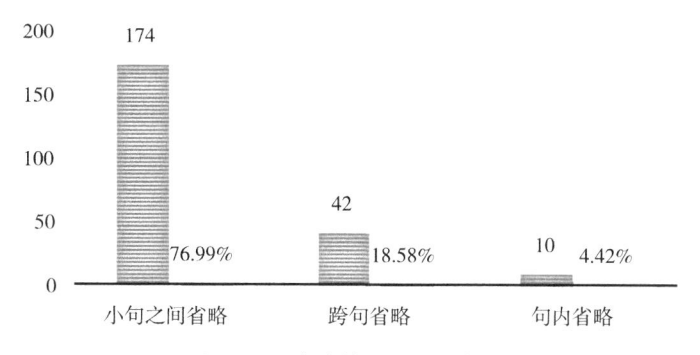

图 8-7　省略的召回距离类型

（除百科知识省略外）。其中，句首对称式 193 处（85.78%），句尾对称式 8 处（3.56%）。句首对称式最为常见，不限于一致的句法功能，除"主语—主语"①"定语—定语""状语—状语"外，也包括"主语—定语""定语—主语"，多成分省略时也以句首对称式为主。句尾对称式主要是"宾—动宾"和"状谓宾—状谓宾"。对称式中省略成分和召回成分在位置上平行对称，召回便更自然、更容易，而句首对称比句尾对称更为常见，一方面句首成分首先进入人的记忆，相对于句末更容易识解和召回；另一方面省略成分总是旧信息，而句末成分通常是新信息，从新信息到旧信息涉及信息的转换，其认知过程要比旧信息到旧信息复杂。顶接式均为"主语—动宾"，也涉及新信息向旧信息的转换，位置上的不对称也会增加召回的难度，因此频率也相对较低。无论是对称式还是顶接式，涉及的都是句首和句末两个位置，这符合"浴缸效应"（bath-tub effect），即人类对符号序列两端的认知比中间更为凸显，一句话中句首和句末两个位置是信息的主要承载之处，更能让人印象深刻。

《民法典》中省略成分和召回成分的对应关系较为齐整，具有规律性。但也存在 18 处（7.96%）省略成分和召回成分的非规则性对称，分别为"主语—兼语"（两处）"主语—小主语""主语—介宾"（三处）"宾语—主语"（六处）"宾语—特殊宾语"（两处），以及状语的特殊省略（三处）和"介词—介词"。

---

① 我们用"主语—主语"表示主语承主语省略的情况，下同。

(二) 省略成分以主语为主，省略成分和召回成分的句法功能倾向一致

《民法典》中省略成分以主语为主，单成分省略中主语省略占87.02%，多成分省略中仅有一处未涉及主语省略。此外，有几个小句内存在两处及以上省略，其中都包含主语省略。事实上，主语省略的高频性是汉语省略的普遍特点，并非法律语体所特有。这可从 Ariel 的可及性理论中得到解释，在汉语中高可及性标识语以零形式为主（许余龙，2000），相应地语篇中高可及性成分更倾向于省略。Keenan & Comrie (1977) 提出"名词短语可及性等级体系"（NP accessibility hierarchy），并归纳出序列：S（主语）>DO（直接宾语）>IO（间接宾语）>Obl.（旁格宾语），该序列成分的可及性由左至右依次递减。这已被认可为世界语言的普遍性规则，沈家煊（1996）也已证明其适用于汉语。廖秋忠（1984）、陈平（1987）等的研究也支持这一规律。另外，主语倾向于表达旧信息，更容易成为省略成分。陈平（1987）指出主语和宾语具有较强的启后性，更容易充当召回成分，但并非启后性弱的成分就一定不能被省略，当一个小句中同时出现启后性有强弱差别的两个成分时，后续句中是否省略具有规律性：一般只有启后性强的成分省略时，启后性弱的才能省略，因此"[NPi 强……NPj 弱]…[P/Ni…[e]j]"这种情况较为少见。例（37）可证实陈平的观点。

(37) 任何组织和个人 i 需要获取他人个人信息 j 的，[e] i 应当依法取得[e] j 并确保信息安全，[e] i 不得非法收集、使用、加工、传输他人个人信息，[e] i 不得非法买卖、提供或者公开他人个人信息。（第一百一十一条）

主语 NPi 的启后性高于宾语 NPj，第二小句中 NPi 和 NPj 同时省略，第三、第四小句中 NPi 省略而 NPj 未省略，反之一般不成立，在《民法典》中也未出现。

在《民法典》中，省略成分和召回成分的句法功能也倾向一致。多成分省略中省略成分和召回成分的句法功能完全一致，单成分省略"介词—介词"是100%，"主语—主语"是71.63%，"状语—状语"是

60%，"宾语—宾语"是50%，"定语—定语"是50%。当句法功能不一致时，召回成分的可及性程度仍对省略产生影响。主语省略中省略成分和召回成分依据频次形成序列：主语—主语>主语—宾语>主语—定语>主语—小句>主语—兼语>主语-其他，宾语省略中召回成分可以是宾语和主语。蒋平（2003）依据可及性高低将先行语与回指语的对应关系归纳为：主语—主语>宾语—宾语>主语—宾语/旁语>宾语/旁语—主语>旁语—旁语，虽只涉及主语、宾语和旁语，仍能在一定程度上支持我们的结论，但《民法典》中"宾语—主语"形式多于"主语—宾语"，与该序列不相吻合，我们认为是受样本规模所限，宾语省略数量较少，可能对结论产生影响。

低频出现的情况往往需要满足一定条件。"主语—动宾"是新信息到旧信息的自然过渡，"主语—介宾"虽非尾首相接，但或是中间无其他名词指称形式干扰，或是与间隔小句形成话题链且句中动词一致，均较容易召回。华宏仪（2002）认为能承宾语省略的主语都表示"人"或比较具体的"物"，动词是非动作动词或动作性较差的动词，《民法典》中并非如此。我们认为是受语体的制约，法律语体与文艺语体等不同，主语除由施事性的人充当以外，还可以是物和动作行为，只要条件允许，都可以省略，且其中动词的动作性本就较弱，差别并不凸显。陈平（1987）指出，不限于主语和宾语本身，占据其位置的其他成分也更容易充当省略成分和召回成分。主定占据主语位置，《民法典》中省略的定语均为主定。"主语—主定"和"主定—主语"中省略成分和召回成分均于句首对称，间隔距离较短，且"主语—主定"中的主定与省略小句在语义上均不兼容，如例（5）中"法人的实际情况"不会理解为"不得对抗善意相对人"的主语，排除了误解的可能。

（三）承前省略较多，蒙后省略和百科知识省略较少

《民法典》中承前省略占82.20%，蒙后省略占3.41%，百科知识省略占14.39%。承前省略符合人的认知过程，容易召回，其高频性也是省略的共性，并非法律语体所特有。蒙后省略是在认知中先留下空位，再去后文中寻找，认知识解有难度，因此蒙后省略常受到一定限制。《民法典》中蒙后省略的省略成分和召回成分包括"主语—主语""宾语—宾语""状谓宾—状谓宾"三种，均为对称式，形式齐整，间隔距离也较

短,均发生于小句之间,非零间隔省略仅一处,形成话题链,未增加召回难度。

孙云(1984)认为蒙后省略既可出现于联合复句也可出现于偏正复句中,但都是前轻后重。陈平(1987)认为反指小句必须从属于同指小句,等立关系和主—从关系不能省略。方梅(2008)认为主语零形反指是背景化需求驱动的句法降级,因而有使后面小句前景化、强调后面小句信息的作用。《民法典》中的蒙后省略与三人观点均有出入,宾语省略及状谓宾省略中省略小句和召回小句均为并列关系,无轻重之分,其他情况中省略小句在复句层次上均处于次要地位。除并列关系的小句和一处跨句的宾语省略外,其余省略小句都充当后景。孙云(1984)认为主语蒙后省略都发生在复句中,在单句内部不出现,但《民法典》中也有一处从句蒙后省略发生于单句中。孙云(1984)指出主语蒙后省略时省略的主语一般是指人的词或词组,《民法典》中不限于此,仍是受法律语体特殊性的影响。

在百科知识省略中,省略成分或者在上下文中未出现,或者虽出现但间隔距离较远难以召回,并且可以唤醒头脑中的百科知识,通常具有一定常识性。如果成分较复杂且并非一般常识,便难以通过百科知识召回。如:

(38)监护关系终止后,被监护人仍然需要监护的,[e]应当依法另行确定监护人。(第三十九条)

省略成分为"被监护人住所地的居民委员会、村民委员会或者民政部门",通过百科知识召回较为困难,该召回成分出现于前文第三十一条,是特殊的跨段省略。

百科知识省略较多出现于分句中,单句中未出现。省略成分以主语为主,还可以是宾语和兼语,主语、宾语可及性较高,较容易通过百科知识召回,兼语省略仅例(26)一处,前一动词是使令义动词"请求",兼语"权利人"可以根据主语"义务人"通过百科知识召回,语义较明确,且并非句中强调的重点。

(四)省略成分和召回成分之间间隔距离较小

Givón(1983)提出了"话题中话题延续性"的概念,认为回指和

"回指距离"关系密切,"回指距离"指回指对象和先行词之间所隔小句的数量。《民法典》中省略成分和召回成分之间以零间隔为主(59.72%),句子边界本身也是一种距离,因此跨句省略(18.58%)频率低于小句之间省略(76.99%),也有更多限制。间隔层次也是间隔距离的体现。陈平(1987)指出,省略句子和召回句子在话语语义结构中相隔一般不超过三个层次,《民法典》中的省略可证实其观点,省略小句所在复句层次最多的是四重复句,出现在"主语—主语"和"主语—宾语"两种省略中,但省略小句和召回小句之间最多只间隔两个层次。

零间隔较容易召回,非零间隔的召回则有一定难度,需要满足一定条件。非零间隔省略中省略成分和召回成分以高可及性搭配为主,在小句之间省略时主要有三种情况,如例(35)第二处和例(36),第一种情况形成话题链,召回难度较低,第三种情况间隔小句的零形式主语可以是省略成分的定语、百科知识或隐含的主语,对省略干扰较小,并且在层次上,或者间隔小句从属于召回小句,或者省略小句和召回小句在结构上平行,第二种情况也可从层次上解释,或者间隔小句与召回小句、省略小句为并列关系,或者省略小句和召回小句在结构上平行。廖秋忠(1984)也指出,话题链有时会中断,但如果篇章结构有明显的排比或对比,重现的主题仍可能从缺。蒋平(2003)也认为层次性是指称词语得以越过其他小句及其指称词语回指较前的先行语的原因。

跨句省略中,更倾向要求省略成分和召回成分及其搭配的高可及性,因此主语、宾语省略以及"主语—主语""宾语—宾语"的比例高于小句之间省略,省略成分多为全段、全条的话题或重要参与角色,较易召回。跨句省略中,非主语、宾语省略仅有三处,例(25)中省略小句与召回小句在结构上平行,例(22)中虽然省略成分为状语,但承前召回的成分仅是动词宾语,再由介词"对"引入,另外一处较为特殊,虽同时省略主语和状语,但状语省略未跨句,主语承跨句的主定省略,仅间隔一个分句,且省略小句与召回小句在结构上平行。Chen(1983)指出段落边界是不利于从缺的因素(廖秋忠,1984),因此跨段省略需要更严格的条件。"宾语—主语""主语—特殊"虽跨句但都未跨段,所跨段落数量也不宜过多,仅有例(38)这一例外。

（五）分句省略较多，从句省略和单句省略较少

在《民法典》中，出现省略的分句占所有分句的 38.87%，出现省略的单句占所有单句的 10.64%，复句包括两个及以上分句，要求语篇的衔接与连贯，同时也要求经济简洁，避免烦冗，省略无疑是重要手段。单句则较难出现省略，除例（22）中"状语—特殊"的跨句省略和例（27）中"介词—介词"的句内省略外，均为"主语—主语"的句内省略，句中均有时间状语[如例（36）]。从句省略中，可以同时省略主状两个成分，省略单成分时均为主语和宾语，且以"主语—主语"为主，"主语—定语""主语—特殊""宾语—主语"等召回成分均处于句首。

三 影响《民法典》省略的因素

可及性、层次性、省略成分的指称和生命性等是影响语篇省略的重要因素。根据考察，省略成分的指称和生命性在《民法典》中作用并不凸显，这是由语体特点决定的，以往人们探讨省略时常以文艺语体为考察对象，其中以有生命的施事性主体为主，在指称上也较丰富，而法律语体不是针对某个具体的人、物或事，因此在指称上并无明显差别，且存在大量无生命的法律主体，在语篇中其与有生命的主体具有同等地位，并未增加召回难度。陈平（1987）、蒋平（2003）都指出，非生命性实体在回指时往往使用低可及性标示语，较少使用零形式。我们的考察并不支持这一观点，甚至在宾语省略中尤以无生命为主，一方面，《民法典》中宾语本就以无生命为主；另一方面，也表明生命性对省略的影响在法律语体中并不凸显。因此，可及性和层次性是影响《民法典》省略的重要因素。

（一）可及性

可及性（accessibility）通常指一个人在说话时，从大脑记忆系统中提取一个语言或记忆单位的便利程度，因而又可称便取度（许余龙，2000）。Ariel（1988，1990）对可及性的研究较具代表性。可及性程度与指称形式的选择关系密切，名词、代词和零形式是三种重要的指称形式。

在汉语中，零形式可及性最高，名词形式可及性最低。句子组成成分在可及性上也存在差异，省略与高可及性的匹配体现在省略成分和召回成分及其对应关系的频率上，高可及性成分较易被省略，省略和召回成分的搭配中出现频率较高的也是高可及性搭配，蒙后省略、跨句省略等低频形式在认知上召回难度增加，因此也更倾向与高可及性成分相联系。Ariel（1990）指出影响可及性的因素主要有距离、凸显、竞争和一致。距离是重要因素，因此省略中短距离间隔占比较高，当间隔距离较长时，若仍发生省略，除省略成分及其与召回成分的搭配可及性通常较高外，其他因素也发生作用，比如跨句或跨段省略时，召回成分往往是语篇中话题或重要参与角色，蒋平（2003）指出间隔指称语的句法位置影响其与召回语的竞争，处于主语位置的间隔指称语的竞争力一般大于其他位置，小句之间省略中，间隔小句的主语以零形式为主，干扰程度降低。一致因素在《民法典》中作用不凸显。

（二）层次性

层次性对省略的影响上文已有论述，此处仅探讨层次性对状语省略的作用。当状语承状语省略时，省略小句和召回小句之间均为并列关系。当同时省略状语和其他成分时，若如例（29），召回成分在同一小句中，则以一重复句为主，即省略成分和召回成分处于同一层次，此外也有两个二重复句。如：

（39）<u>法律对仲裁时效有规定的</u>，依照其规定；[e] 没有规定的，适用诉讼时效的规定。（第一百九十八条）

（40）<u>民事法律行为无效、被撤销或者确定不发生效力后，行为人因该行为取得的财产</u>，应当予以返还；[e] 不能返还或者没有必要返还的，应当折价补偿。（第一百五十七条）

例（39）中分号前后句子处于同一层次，是并列关系，省略小句和召回小句同属第二层次，结构平行。例（40）中状语召回语是句首时间状语，召回小句与分号后句子处于同一层次，为补充关系，省略小句则处于第二层次。

若如例（28），召回成分不在同一小句中，则以二重复句为主，省略小句总是和状语所在小句处于同一层次，此外也有三重复句。如：

（41）民事主体从事民事活动，应当遵循诚信原则，[e] 秉持诚实，[e] 恪守承诺。（第七条）

两个省略小句在第三层次中构成并列关系，处于状语召回语所在小句的下一层次。可见，相对于状语省略语，状语召回语所在小句或是处于更高层次，或是与其同一层次，总之不处于更低层次中。

第九章 现代汉语口头应答句中省略情况考察

问答序列是自然会话中十分常见的一种会话序列,问句也叫始发语,答句也叫应答语(我们统称为"应答句"),发问和回答的话轮交替是促动会话进行的交际动力。在以往的研究中,问句研究和答句研究存在一定的不平衡性,问句研究较为充分,答句研究则相对薄弱。造成这种情况的原因有两个方面:一方面是因为答句的句法形式较为灵活,不易把握形式上的特点。相对于答句来说,问句则比较容易总结和归纳其语义特点、句法规则和语用价值。另一方面,传统观点一般认为答句受问句制约,这种制约是多方面的,除了语义上的制约,句法形式上的诱导性影响也表现十分明显。大家更愿意从显著度更高的问句出发研究其形式和功能,处于从属地位的答句则受到相对较少的关注。但是对于我们所要探讨的省略现象来讲,问答对可以作为一个比较容易把握的独立单元来看待,形成相对封闭的小语境,答句的灵活性和受到问句制约的特性反而是一个较好的切入点。本章仅探讨询问句和反问句应答句中的省略现象,设问句暂不讨论。

一 询问句的应答句中省略现象考察

(一)直接答句和间接答句

从会话结构角度分析,一个完整的问答对包括问句和应答句。理想状态下,应答句应直接对疑问点进行回答,但是实际会话中情况复杂得多,有时应答者除了直接针对疑问点作答,还会继续对自己的回答做出补充说明、后续评论或释因等,这时候整个应答形式是复句或句群。如:[①]

---

① 以下两例转引自朱晓亚(1996)。

（1）A：→有那个必要吗？
　　　B：⇒很有必要，一定得来。
（2）A：→你知道你在跟谁说话?!
　　　B：⇒跟我的上级。这样下去，我这下级不好当。

有时应答句没有直接对问句的疑问点进行回答，而是开始就围绕疑问点进行说明、评论和释因等，实际上应答者针对疑问点的回答隐藏在应答信息中，由于没有直接针对疑问点回答，听话者对应答句语义的理解往往需要通过语用推理。如：

（3）A：→一会儿一起吃饭么？
　　　B：⇒我一会儿有事出去。
（4）A：→这是大葱吗？
　　　B：⇒（指向太阳）那我想这是月亮了。①

根据 Grice（1975）的会话含义理论可知，例（3）中 B 违反了会话合作原则中"量的准则"，没有针对 A 的询问提供足够的信息量。例（4）中 B 故意违反会话合作原则中"相关准则"和"质的准则"，说的话从表面上看既与 A 的话无关而且也不符合事实，例（3）和例（4）中 B 的话都需要 A 从话语的表面意思推导出会话含义。

有时应答句的回答不是针对疑问点，而是指向问句的预设。如：

（5）A：→他什么时候走的？
　　　B：⇒他还没走。去卫生间了。

还有时应答句没有针对疑问点进行回答，也不是围绕疑问点进行说明、评论和释因等，而是表达拒绝回答或者没有能力回答。如：

（6）A：→你到底为什么哭？
　　　B：⇒不想说。

---

① 该例转引自朱晓亚（1996）。

(7) A：→谁打碎的花瓶？
　　B：⇒我也不知道。

对于这种类型的答句，朱晓亚（1996）称为非常规性答句。其中例（6）中B的回答属于明确宣布不遵守会话合作原则的情况。

我们这里要讨论的是应答句中的省略现象，主要表现为句法结构问题或语篇结构问题。所谓句法结构问题，主要是指省略了什么样的句法成分；所谓语篇结构问题，主要是指针对疑问点进行直接回答的应答句和围绕疑问点进行间接回应的应答句在语篇中是如何被安排的。因此，我们不打算对应答句做细致的语义类型划分，而是先从语篇角度将应答句分为直接答句和间接答句。直接答句是直接针对疑问点做出的积极回答，不包括拒绝回答、无能力回答等消极回答,[①] 是一种最为常见的回答方式。间接答句是通过说明、评论、释因、迂回等方式针对疑问点做出的间接回答，间接答句往往和直接答句一起构成应答句，也可以单独作为应答句，间接答句单独作为应答句时往往需要听话者在特定语境下结合语用推理才能明白说话者的意思。如：

(8) 侯亮平：→可你这个处长不一样，我都听人说了，拿个部长跟你换你都不换，是吧？
　　赵德汉：⇒权力大小，那都是为人民服务，啊，有权就可以任性啦？
　　啊？我不是说你啊，你这个同志，你的思想觉悟啊，真是有待提高。(人民的名义)

例（8）中，侯亮平用是非问句问赵德汉，但是赵德汉故意违反会话合作原则，并没有就侯亮平的发问做出正面回答，即语言形式上没有回答"是"也没有回答"不是"，作为应答句的整句话并没有针对疑问点进行直接回答，而是采用了迂回策略间接表明自己的否定态度，因此是间接答句。

我们将应答句分成了直接答句、直接答句+间接答句、间接答句、非

---

① 即朱晓亚（1996）所谓的"非常规答句"。

常规答句四个类型。由于间接答句也是积极回答，同样表明了应答者的观点和态度，所以间接答句之前通常可以补上直接答句，由于间接答句句法自由度很大，应答句和问句之间结构关联性不强，不具有基于对话中互动关系而省略的典型特征，因此我们暂时以讨论直接答句的省略问题为主。①

另外，在询问句的应答句里，有一种答句是叹词句，叹词句属于非主谓句，看作独立的句子是没有问题的。如：

(9) 长贵：→哎呀，这才两年的光景，是不？
小蒙：⇒嗯。(乡村爱情2)

例(9)长贵说的是是非问句，如果将"是，这才两年的光景"看作形式完整的应答句，那么例中的应答形式相当于将应答信息全部省略了。但是从语义层面看，叹词"嗯"作为应答形式已经对问句的疑问点做了回应，是指向疑问点的，因此也可以看作一种特殊的直接答句。

(二) 应答句的主位省略现象

在问答相邻对中，问句和答句像咬合在一起转动的齿轮，一个齿顶和一个齿槽构成一个交替对，转动正是以这样的齿位为单位不断进行。从会话语篇的角度看，一个问答序列或者说一个问答相邻对中，答句的省略虽然形式上发生在答句中，但是其实际作用却是缩短了应答句的反应时间和反应距离，使得应答句更快介入上一话轮或整个对话语境和所述话题，省略的空缺将两个话轮之间的平行线变为啮合线，形成"话轮啮合结构"，使得话轮间产生话轮约束力，这种约束力一方面表现为答句受到问句的制约，另一方面也表现为答句对下一问句产生影响。因此，省略实际上是会话语篇中重要的衔接和连贯手段，也是问答序列中存在话轮约束力的典型表现。如：

(10) A：→你没讲过课吗？在中文系。　　　　　T1
B：⇒没讲过。(拜访同学)　　　　　　　T2

---

① 包括直接答句和直接答句+间接答句两种类型的答句。

张伯江、方梅（1996）指出，一般在简单的问答序列中，有三种信息结构处理方式：

a. 主位在前，述位在后
b. 述位在前，主位在后
c. 省略主位，只有述位

一般而言，主位对应的是旧信息，述位对应的是新信息，常规的信息结构序列应该是"主位—述位"，这符合可处理原则。但是在实际的对话序列中，为了提高交际效率，说话人通常会选择将最重要的信息先说出来，放在句子的起始位置，以迅速抓住听话者的注意力增强焦点信息的可识别度，从而造成"主位""述位"之间发生易位现象。

在例（10）中，T1 中的"在中文系"隐含于对话语境中，是预设或者说是旧信息，是句子主位。为了突出疑问点"是不是没讲过课"，T1 中说话者将表达空间含义的语义成分后置，形成 b 式的易位句。这个句子的主位还包括指人的代词"你"，"你"并没有后置，实际上"你"也完全可以后置使整个句子变成"没讲过课吗？你在中文系"，这样的话焦点信息更加明显。更进一步，已经后置的主位可以选择省略，整个问句变成"没讲过课吗"，这样的话句子表达的预设信息全部包含在会话语境中。因此，某种程度上来看，易位句可以看作省略句的前身，或者说易位句是完整句和省略句之间的过渡状态。但是具体什么情况下选择完整句，什么情况下选择易位句，什么情况下选择省略句很大程度上是受语用因素的制约。譬如，说话场景的正式程度可能会对三种句式的选择产生一定影响，一般而言，越正式的场合说话者越倾向于选择 a 这样的常规句式，随着说话场合正式程度的下降，简练原则开始发挥更大的作用，因此这时说话者更倾向于选择 b 这样的易位句式或 c 这样的省略句式。当然，这是我们在只考虑唯一语用参数变量的理想状态下的分析，实际情况会复杂得多。譬如，虽然在正式程度较低的语境下，但是为了突出强调询问的主体也会选择保留询问主体。

廖秋忠（1991）指出，在问答序列中答句在形式上受到问句的制约，他举的例子是：

（11）"是《华侨日报》编辑部吗？"   T1
"是的，您是哪位？"   T2

"我是龙绳文，……"　　　　　　　　　　　　　　　　T3

例（11）中，T2属于问句a式，T3属于答句a式，因此，这一问答对属于没有发生易位现象的问a答a式。廖秋忠认为答句"我是龙绳文"在句式上是受到了问句"您是哪位"的制约作用，在正面回答里句式一般不变，变的只是人称。对于应答句形式上受到疑问句制约的现象，陆俭明（2003）也进行过相关研究，他发现会话双方在同义词语的选用上答话人会受到问话人的影响，选择使用和问话人一致的词语，陆俭明将这种现象称为"应答协调一致原则"。根据陆俭明的论述，"应答协调一致原则"只指同义词选用上应答句受到疑问句制约的现象。

我们反观例（10），T1句式的选择对T2的句式也产生了一定的制约作用。据张伯江、方梅（1996）考察，问b答c的情况在实际语料中使用频率最高。从信息的角度看，主语"我"、宾语"课"以及附加性成分"在中文系"在T1中都已提及，是旧信息，应答句对于这些信息可以选择部分省略或全部省略。正如张伯江、方梅（1996）所指出的，后置主位一方面是为了突出主位，另一方面也便于下一话轮承此主位继续。因此，针对T1中的询问，T2可看做承前省略了主位，只保留了述位中的谓语核心"没讲过"，这个谓语核心是问句或者说问句发出者最关注的焦点信息。如果继续省略应答形式的话，应答句甚至可以只保留否定副词"没（有）"。因为T1是一个是非问句，从常规性回答的角度考虑则应答句中必不可少的就是表达肯定或否定的语义成分，如果极度精简应答形式的话，最终可以只保留表达否定信息的否定副词"没（有）"。因此，例（10）中应答句T2根据成分省略程度可以形成一个信息量等级序列：

我在中文系没讲过课（R1）＞我没讲过课（R2）＞我没讲过/没讲过课（R3）＞没讲过（R4）＞没（有）（R5）。

在这个序列中，R1是最完整的应答形式，R5是最简省的应答形式。其中，如果以R1作为答句则属于问b答a，使用中是存在这种用法的。R2本身就是主位省略式，但是同时也是以c作为答句的完整式，R3、R4、R5是R2的省略式，也是以c作为答句的可选形式。

（三）应答句的焦点保留和语用重复

前面我们以问b答c为例分析了应答句中的主位省略现象，其实c作为答句对问句的适应性很强，除了问 b 答 c，问 a 答 c 和问 c 答 c 都是可以接受的。但是省略的触角并没有延伸至此为止，省略的最小单位可以定位到句法结构成分，主位、述位是口语中的信息结构成分，与句法结构成分并不一致，总的来说，主位、述位往往大于句法结构成分，因此，应答句述位中的省略是我们需要进一步研究的问题。就像上一节中所说，作为 R2 省略式的 R3、R4、R5 也是以 c 作为答句的可选形式，实际上，实际语料中使用 R3、R4、R5 的频率要比使用 R2 更高，也就是说，应答句在省略主位的基础上往往还会进一步省略。①

李宝伦、潘海华、徐烈炯（2003）曾指出，问答序列是常见的焦点敏感结构之一。疑问句的疑问点就是信息焦点，对应疑问句的疑问点，应答句必然要做出相应的信息反馈才算是完成应答任务。杜道流（2000）从成分保留的角度研究会话中的省略现象，认为会话中省略的成分往往不止一个，如果从所省略成分的角度观察会话中的省略现象，省略现象的句法表现显得过于零散，不易把握其中的规律。如果换一种视角，从保留成分的角度观察省略现象则会发现成分保留的一个总体标准，即保留成分一般是焦点信息对应的句法成分。由此我们可以反向得出一个结论：省略的成分往往对应的都不是焦点信息。如：

（12）A：→处罚的金额是多少啊？
B：⇒都二百。（交广说法）
（13）A：→那现在这几笔罚款都已经交完了？
B：⇒嗯-没交呢，因为我现在已经接到 17 个这样的单子了。（同上）

---

① 一般而言，"主位"对应"旧信息"，"述位"对应"新信息"，从信息包装的角度看，说话人通常把新信息用焦点来包装，所以焦点往往存在于述位中。但是这种对应关系并不严格，特定情形下，信息焦点有可能存在于主位中。如："谁给你的？""张三给我的。"例中问句的疑问点聚焦于句首的疑问代词"谁"，应答句的信息焦点是句首的"张三"，"张三"是这句话表述的出发点但却并非已知信息，因此"张三"似乎只能判定为主位。这时如果应答句选择省略的话会省略作为述位的"给我的"。所以，在问答对中可能还要加上第四种信息结构方式：d. 省略述位，只有主位。我们文中此处的表述仍然是默认了"主位-旧信息""述位-新信息"的对应关系。

在例（12）中，完整的答句应该是"处罚的金额都是二百"，相较于完整形式，实际的应答句省略了主语"处罚的金额"和谓语动词"是"，只保留了作为焦点的宾语"二百"。例（13）中，完整的应答句应该是"现在这几笔罚款没交呢"，实际的应答句只保留了作为焦点的谓语部分，省略了主语"这几笔罚款"和时间状语"现在"。

有的情况下，应答句甚至可以省略全部的主要句法成分，只保留附加成分。如：

(14) A：→您现在开车了吗？
　　 B：⇒没有，没有。（同上）

例（14）中，应答句的完整形式应该是"我现在没有开车"，实际的应答句省略了主语、谓语动词、宾语以及时间状语，只保留了否定副词"没有"，是所谓的副词独用现象。

由此我们可以得出一个结论：应答句在确定省略成分和保留成分时很大程度上考虑的不是句法成分的重要性，而是考虑信息内容的重要性。这里所谓信息内容的重要性，指的是应答句在完成应答任务方面所需信息的必要程度。我们知道，疑问句的应答句是为了对疑问句的疑问点做出回答，因此如果单纯从信息量上来看，应答句只要提供出指向疑问点所需的最小信息量就算完成了应答功能，① 这时句法成分的重要性反而退居次要位置，应答句中指向疑问点的核心信息就是应答句的焦点信息。

对应疑问句的疑问点，应答句焦点信息有的时候是主语、谓语、宾语这样的主要成分，有的时候是定语、状语、补语等附加性成分。有的时候，省略之后的保留成分在语义上看甚至是不合逻辑的。如：

(15) A：→咱们点点儿什么？　　　　　　　　T1
　　 B：⇒两碗全家福。　　　　　　　　　　T2

例（15）中，T1是个特指问句，疑问点是"点什么"，针对疑问点，

---

① 一般而言，省略有语义内容而没有句法形式，我们这里所说的"信息量"是指通过显性语码提供的信息，不完全等同于句子的语义内容。

应答句从会话合作的角度应该向问者提供"食品名称"和"数量"两个核心信息，这就是应答句的信息焦点。应答句的完整形式应该是"我们点两碗全家福馄饨"，T2省略了主语、谓语动词和宾语中心，主语承会话中的角色省，属于当前省略，谓语动词承问句省，宾语中心承语境省。这些都是旧信息，实际的应答句只保留了数量短语"两碗"和宾语修饰语"全家福"，这两个信息是直接指向疑问点的信息，也是前面未体现的新信息，因此是应答句的焦点。只保留焦点信息使得应答句T2成为一个表面上不合语义逻辑的组合结构。

问答序列中应答句省略的成分往往不唯一，那么在省略成分的选择上有没有什么规律呢？从另一角度看待这个问题，答句的保留成分一定包含焦点但可以不仅限于焦点，那么焦点之外成分的保留遵循着什么样的规律？对于这个问题，杜道流（2000）认为，非焦点成分是否保留与其和焦点的距离有关，一般距焦点近的成分容易保留，距焦点远的成分不容易保留，杜道流称之为"焦点控制"。按照这一原则，距离焦点远的成分比距离焦点近的成分更容易省略，换句话说，如果距离焦点近的成分省略了，那么距离焦点远的成分也会省略。这里存在两个问题：一是句中成分的保留与否是否真的是受焦点控制；二是焦点等距成分在保留资格上有没有差异。

我们先看第一个问题。焦点是一个语义和语用研究的对象，它用来标识信息的重要程度，焦点信息是句子中最重要的信息，往往也是新信息。焦点信息的表达需要依靠句法，这一方面表现为句中的焦点信息本身也是句法成分，另一方面表现为焦点信息的表达也要受句法规则的制约，而句法的基本规则是语类规则，句法成分的组合由句法规则控制，而不是焦点控制。

杜道流（2000）也认识到焦点控制的非绝对性，因此列出了三种还受到句法语义作用影响的情况，其中一种情况指出，在完整句中句法位置不是十分固定的成分保留次序也就不十分固定。我们认为，首先，句法位置的固定与否是个不太容易判断的指标，虽然汉语中彼此互相对立而又互相依存于同一句法结构之内的句法成分位置相对固定，但是正如陆俭明（1980）所指出的，口语里这些相对固定的句法成分常常可以灵活地互易位置。其次，杜道流在文中所言的"成分"时而是指单词语类，时而是指词组语类，这就使得对"句法位置不是十分固定的成分"很难进行判断和操作。如：

(16) 我明天到天桥看杂技（a+F+a+b+c+d）
(17) 我们国家冬天不太冷（b+a+F）

例（16）中每一个字母代表一个单词语类，a、F、a、b、c、d 分别指代我、明天、到、天桥、看、杂技。但是在例（17）中，b 指的是"我们国家"这样的词组语类。杜道流认为例（17）中 a 和 b 两个成分可以互换位置，F 对 a 和 b 的控制力是一样的，所以例（17）既可以保留 a 说成"冬天不太冷"，又可以保留 b 说成"我们国家不太冷"。[①] 但是如果按照"成分"是指单词语类的标准，那么例（16）说成"我明天看"则很难用"句法位置不是十分固定"进行解释（实际上这种回答是可以接受的），因为"句法位置不是十分固定"和"保留次序"指的应是同一成分，但例（16）说成"我明天看"后，前者实际上指的是"看杂技"，后者指的却是"看"。但是，把"看杂技"和"到天桥"各自看成一个整体性成分也是不恰当的，因为这样无法解释为什么最后并没有保留作为成分的"看杂技"而是保留的"看"。一方面，句中保留了"看"；另一方面，句法位置不固定的是"看杂技"而不是"看"，作为焦点的"明天"是对"看杂技"和"到天桥"两个成分的控制力相同而不是对"看"和"到"或者其他近距离成分控制力相同。这样的话就没法解释"我明天看"这样的句子是如何体现焦点控制原则的。

我们认为，问答序列中应答句的理想形态是唯焦点式，完整式反而往往只存在于对话语的分析当中，非焦点信息一般是影响交际效能的旧信息，在语境中可以直接提取，添加非焦点信息是出于语用动机的语用重复。实际上，实际使用中唯焦点式和完整式一样，也不是使用频率最高的应答形式，因为唯焦点式是高语境依赖的会话形式，本身的语用值较小，使用性较差，因此往往需要附带一定的非焦点成分来负载特定的语用目的。除了多焦点的情况，句中非焦点成分的添加机制根本上还是受到一定句法规则制约的，而不是受到所谓的焦点控制。省略是个倾向性问题，有的时候有些成分可以省而没有省，但这不代表句法成分本身自带可省略等

---

① 原例有问句"你们国家冬天不冷吗"，例（17）是答句。

级，而是由语用需求决定的，当然这里存在一个频率问题，但这是语用需求频率或个体语感差异和语用习惯造成的，而不是因为焦点信息对其他成分存在等级化的控制力。实际上，问答序列中应答句句法成分省略本身较少受句法规则制约，应答句句法成分的省略允准条件只有一条：不做焦点信息的句法成分都可以省略。在实际问答式会话中，保留非焦点信息对应的句法成分的例子也不在少数，但是非焦点信息对应的句法成分的保留与否本质上是个语用问题，同时保留次序又受到一定程度句法规则的制约。如：

(18) A：→你晚上吃什么？　　　　　　　　　T1
　　　B：⇒水果。　　　　　　　　　　　　　　T2

例 (18) 中，应答句 T2 是唯焦点形式，① 如果将"我晚上吃水果"看作完整式，则与焦点"水果"最近的成分是"吃"，所以应答句如果添加非焦点成分的话会首先选择"吃"，肯定不会在不选择"吃"的情况下首先选择"我"。但这并不是作为信息成分的焦点在发挥控制力，而是句法语义的作用。"我水果"不合句法规则，语义上也缺乏完整的语义逻辑。"吃水果"首先构成一个"VP"词组语类，所以所谓的词语之间出现亲和力不过是语类规则或者说句法规则的控制力，而不是焦点的控制力。

(19) A：→你觉得这次美国大选谁会胜？　　　　T1
　　　B：⇒拜登。　　　　　　　　　　　　　　T2

例 (19) 中，应答句 T2 的完整形式应是"我觉得这次美国大选拜登会胜"，例子中 T2 只回答了焦点"拜登"，省略了其余全部成分。如果答句除了焦点还选择保留其他非焦点成分的话，首先应当会保留"会胜"或"我觉得"，因为"拜登"和"会胜"一起构成内嵌句，二者之间的句法联系更紧密；而"我觉得"是主句部分，加上这个部分句义趋向于

---

① 赵元任（1979）指出，只有在回答谜语或者有意带点儿"冲"或者带点俏皮时才不用全谓语而只用与疑问词相当的词语。

更加完整，而且当应答者想强调这是自己的判断时也会倾向于保留"我觉得"。"这次美国大选"则是个话题性的成分，是旧信息，其句内位置并不十分固定，可以置于句首提升为整句话的话题，也可以置于句中降级为从句的话题。无论位置在哪，这一成分都是背景信息，是可以从语境中提取而不需要额外说明的。但是无论如何，答句不会是"我拜登"，因为这样的省略违背了基本的句法规则。至此，上文所说的第二个问题的答案也就显而易见了，焦点等距成分在保留资格上实际受到语类规则的制约。不过也会有例外的情况。如：

(20) A: →啤酒要常温的还是冰的？
　　　B: ⇒我要 [冰的]$_F$。　　　　　　　　　　T2
　　　C: ⇒我 [常温的]$_F$。　　　　　　　　　　T3

例（20）中 T3 省略了主语和宾语之间的谓词"要"，但是这一回答却是可以接受的。据我们考察，这种情况可以找到一定规律。比如，问句是让受话人选择一样东西的选择问句，或者答句谓语动词是体现选择意义的动词时，谓语动词可以从中间省略。另外，这样的回答方式一般都是应答者为多人的情形，应答者有凸显角色信息的必要，因此应答句中除了焦点信息还有表明应答角色的信息。从问句来看，疑问点是"要什么样的"，但是由于这一疑问针对的是不止一个受话者，回答会具有角色个体差异性，因此"谁要"是一个隐含的疑问点。所以，应答句中角色信息也是一个需要回答的焦点信息，只是相较于"冰的""常温的"并不那么明显。

二　反问句的应答句中省略现象考察

反问句本质上不是为了获取信息，而是提供信息。因此，以往的观点认为反问句虽然是疑问形式却不需要回答。目前学界比较认可的观点是反问句并非不要求回答，而是要求对方的回答要和自己的观点一致。从这个意义上来说，应答句受到反问句比较强的制约。

于根元（1984）发现很多反问句可以回答并且事实上确实也存在应答。邵敬敏（1996）将反问句的答句分为自问他答和自问自答，两种类型之下又有更为细致的分类。朱晓亚（1996）将反问句的答句分为指向反问句表层的答句和指向反问句深层的答句。前者和一般疑问句的答句类型大体相同，后者可分为顺应性答句和非顺应性答句。聂莉娜（2001）认为"零形答句"是反问句特有的，但是反问句的应答形式绝不仅限于零形式，多数情况下反问句的答句是非零形式，她将反问句的非零形答句分为合意答句和不合意答句两类，合意答句是符合说话人预期的答句，不合意答句是违背说话人预期的答句。殷树林（2009）首先区分了隐性应答和显性应答，隐性应答是反问句自身固有的特点，显性应答又分为显性言语应答和显性非言语应答。由于反问句的显性言语应答中存在是否针对反问语力作答的不同，所以又在显性言语应答中区分了回答句和回应句这对概念，前者是未识别出反问语力或故意取消反问语力而作出的显性言语应答，后者是针对反问语力作出的显性言语应答。

我们沿用2009年的分类法，将反问句的显性言语应答分为回答句和回应句，这里我们只打算对回答句的省略问题做初步探讨。与一般询问句不同，反问句没有实质上的疑问点，因此如果应答者从合作原则出发，不会试图从反问句中提取疑问点来确定回答焦点。但是，应答者未识别出反问语力或故意取消反问语力除外。回答句是应答者未识别出反问语力或故意取消反问语力所做的应答，回答句也是直接答句，现实中这种情况并不多，为了论述方便，我们简称前者为未识别型回答句，后者为取消型回答句。

（一）未识别型回答句中的省略

虽然反问句的应答句中回答句并不是主要形式，但是它在研究应答句省略问题上却具有一定价值，因为反问语力是反问句区别于一般询问句最重要的语用特征，应答者未识别出反问语力或主观取消了反问语力则意味着会将其当作一般询问句进行应答。如：

（21）A：→你觉得这电视剧有意思吗？（还不赶紧睡觉！）T1
　　　B：⇒有意思。　　　　　　　　　　　　　　　　T2

例（21）中T1是是非型反问句，发问人主观上认为电视剧没意思，暗示受话人赶紧睡觉，用的是反问句来表达，但是受话者没有识别出反问语力,而是将其当作一般询问句进行回答。应答句的完整形式是"我觉得这电视剧有意思",但是应答者省略了主句和嵌入小句的主语,只保留了小句谓语部分。① 无论是何种类型的反问句,未识别型回答句和一般询问句的直接答句语义功能基本一致,成分省略的句法表现和省略发生机制也与一般询问句的直接答句基本相同,因此不再赘述。

(二) 取消型回答句中的省略

我们先来看下面的例子:②

  (22) A:→他人不在这儿,你撒赖给谁看? T1
    B:⇒给你看,你窝囊,无能,丢人! T2

例(22)中T1是特指型反问句,发问人想表达的是受话人撒赖的对象不在这里,撒赖没有人会看。受话人感受到了反问语力,明白发问人的真实语义,但是选择取消反问语力,直接针对反问句表层予以形式上的应答。应答句的完整形式应该是"我撒赖给你看",实际的应答句中省略了主语"我"和谓语中心"撒赖",只保留了介词补语"给你看"。

一般询问句应答句的基本任务是锚定疑问点和解答疑问点,因此,唯焦点形式可以完成基本交际任务。对于反问句的回答句来讲,如果应答者针对反问句表层回答的动因是故意取消反问语力(取消型回答句),那么这种应答方式必然带有应答者的语用动机,因此针对疑问点的回答只是外衣,这层外衣下的语用目的才是回答句的实际任务。这样的话,唯焦点形式的语法手段有限,不足以满足实现语用目的的需要,所以取消型回答句句中除了焦点外往往还附带一定的语用重复成分。例如,例(22)中T1是一个特指型的反问句,很容易提取出疑问点"谁",与此对应,回答句中的焦点是"你"。但是如果例中的回答句只出现"你",变成:

  (23) A:→他人不在这儿,你撒赖给谁看?
    *B:⇒你!

---

 ① 一般来说,这种情况也以全谓语回答为常,尤其是宾语是无指的时候,单独回答"有"的情况可能仅适用于某些特定场合。

 ② 该例转引自朱晓亚(1996)。

这样的回答听起来很奇怪，现实对话中一般不会出现这样的回答。因为应答者采用取消型回答句一定会通过显性的言语手段或非言语手段暗示是自己取消了反问语力而不是没有识别出反问语力，从而实现特定的语用目的。显性的言语手段就是回答中附带非焦点成分（语用重复性成分），显性的非言语手段是指动作、表情等非言语应答方式。譬如，例（22）的回答句 T2 中除了焦点"你"，还重复了上一反问句话轮的"给"和"看"，这两个成分在回答句 T2 中都是非焦点成分。我们根据语义可以设想对话语境是一个一贯忍气吞声的丈夫和妻子的对话，应答者（妻子）想让发问人（丈夫）感受到其愤懑的情绪，但是可能碍于公众场合或想要通过讽刺挖苦的方式表达情绪，要选择一个得体的表达方式，因此采用了相对克制的话语模式，这种话语模式的句法选择与唯焦点形式相抵触，即单靠焦点成分不足以表达应答者的交际意图，因此保留了一些非焦点成分，并追加了更多的言语成分来强化明示自己的交际意图。

通过更多的语料考察我们发现特指型反问句的取消型回答句句内成分省略（和保留）有一个倾向性的规律，即特指型反问句的取消型回答句一般不会采用唯焦点形式。同时应当明确的是，受语义条件限制，有一些类型的特指型反问句不太可能出现取消型回答句，例如"焉"类、副词"哪"类、一些含"何"的词语类（何必、何不、何苦、何尝、何以等）等。疑问代词"哪"构成的反问句中，通过疑问代词"哪"可以定位疑问点，但是在副词"哪"构成的反问句中"哪"实际上扮演的是否定性成分，经常和"能""可以"等助动词连用表达否定含义，这种"哪"的指代意味已经很弱，因此疑问点也十分模糊。"焉"是个文言词语，语义上和副词"哪"相近，现代汉语口语中使用得很少，且一般仅限于"焉能""焉知""焉用"等，用法比较固定。含"何"词语都是副词，表示否定、劝告、不必、况且等含义，[1] 针对这些类型的反问句进行取消反问语力的回答在语义上很难实现。

接下来的问题就是特指型反问句的取消型回答句话语模式的句法选择与唯焦点形式相抵触的原因是什么？即为什么取消型回答句一般不采用唯焦点形式？我们认为，取消型回答句负载特定语用目的，其一般不采用唯焦点形式很可能与唯焦点形式句法形式匮乏导致表义所需的韵律特征表现

---

[1] 殷树林，2009，《现代汉语反问句研究》，黑龙江大学出版社，第208—269页。

手段不足有关。唯焦点形式很难体现重音和语速,语调的句法附着面过小导致情绪表达力欠佳,因此无法很好地完成特定交际任务。譬如,例(23)的回答句是"你",这样的单音节无法体现轻重音对比和语速,也无法发挥语调感染力,因此应答者迫不得已要添加更多的句法成分,否则表达上会感到不痛快。这些添加的成分可以承问句省略而没有省,是一种语用重复。我们再举一个例子:①

(24) 牛大姐不高兴地:→有你当儿子的这么跟妈说话的嘛?
我是小市民那你是什么? T1
儿子:⇒我是小市民生的。 T2

例(24)中牛大姐用反问句来驳斥儿子的言论,儿子实际上识别出了母亲的反问语力,但采用了取消型回答句进行应答。针对T1的疑问点,T2其实只要回答焦点"小市民生的"就可以实现回答句的语义功能,但是实际上T2用的是没有省略任何成分的完整形式,这正是语用目的推动的。牛大姐的话实际是用反问句来表达"我不是小市民"这样一个命题信息,儿子感受到了反问语力,如果从深层回答,可以是"你就是小市民",实际上儿子的话是对自己判断的再次确认,但这种确认通过取消型回答句表达显然更富表现力。从"小市民生的>是小市民生的>我是小市民生的"这一变化序列我们可以感受到,随着省略成分的减少和保留成分的增多,韵律特征可发挥的空间越来越大,句子的情感表现力也越来越强。这类取消型反问句的回答句如果省略成分过多只保留焦点的话,则会有如鲠在喉、言犹未尽之感。②

---

① 该例转引自殷树林(2009)。
② 很多情况下,询问句的直接答句也不采用唯焦点式,但并不排斥唯焦点式。前文已经说过,焦点以外成分的保留实际上是一定语用动机驱动下的语用重复。反问句的取消型回答句一般不采用唯焦点式本质上也是这个原因。只是与询问句的直接答句相比,反问句的取消型回答句基本上是排斥唯焦点式的。

第十章　现代汉语讲述式口语中省略情况考察

我们这里所说的讲述式口语是指由同一位说话人连续说出，中间没有与其他说话人的显性言语互动，话题由说话人自己掌握，言语内容和言语形式没有明显受到其他说话人影响的口语。从话语内容上看，讲述式口语应该体现出话题的延续性或话题的自发转换，因此讲述式口语的长度应该是超小句的，至少应该是一个复句。讲述式口语的互动性一般不体现在显性言语行为上，而是体现在一些表情、动作等非言语行为上。与问答式对话相比，讲述式口语有着更长的话语组织时间。而且，与问答式口语相比，讲述式口语也更容易受到说话场景、说话内容、说话人的文化背景等因素的影响。这些因素都会导致讲述式口语的话语方式在某些情况下更接近于书面语，削弱了将其作为口语语体进行研究的有效性。另外，由于讲述式口语一般是同一说话人的长篇话语，如果仅选择同一人的话语作为研究对象的话，说话人的说话风格偏好也会对研究结果产生影响。因此，在研究语料的选择上，我们尽量选择即兴程度高的语料、非正式场景的语料、内容通俗的语料、多位说话人的语料、普通话标准的语料。基于此，我们选择了一期《今晚80后脱口秀》、一期《吐槽大会》（第四季）中两位嘉宾的吐槽、三期黑龙江交通广播《交广说法》栏目主持人开场白、一期黑龙江新闻广播《成长在线》主持人开场白作为本章研究的主要语料来源。

一　讲述式口语省略的类型

本章考察的语料总字数为12195字，共380句，其中发生省略的句子有189句，占49.74%。发生省略的位置共273处，其中分句省略157处，单句省略98处，从句省略18处。从省略的句法成分角度看，所考察语料中的省略可以分为单成分省略和多成分省略，单成分省略包括主语省略、宾语省略、谓语省略、状语省略、数词省略、虚词省略，每种类型还存在召回的句法成分的不同；多成分省略包括两个成分省略、三个成分省略、四个成分省略。从省略的语境类型看，所考察语料中的省略可以分为上下文省略、情景省略、百科知识省略三种。上下文省略存在省略位置和召回成分之间召回距离的不同，根据间隔句法或语篇单位性质不同，可以分为同一小句内省略、同一句内不同小句间省略和跨句省略；还可以将小句作为召回距离的基本计算单位，单独考察省略位置和召回成分之间间隔小句的数量。

（一）省略的句法成分类型

1. 单成分省略

全部语料中，单成分省略共208处，占省略部位总数的76.19%，省略成分包括主语、宾语、谓语、状语、数词、虚词。

（1）主语省略

全部语料中，主语省略共174处，占单成分省略的83.65%。主语省略的召回成分有主语、宾语、定语、兼语、谓语、前一小句以及情景语境和百科知识。

①召回成分为主语

召回成分为主语的共96处，占主语省略总数的55.17%。省略位置和召回成分虽然同为主语，但是存在所处句法位置的句法等级平行和不平行的区别，其中省略位置和召回成分句法等级平行的有89处，占92.71%。如：

（1）他老婆就总觉得"唉呀，我是不是胖了"，于是呢－[e]就去做运动，去减肥。(今晚80后脱口秀)

（2）听众朋友，我们成长在线呢－在这么多年当中一直在关心着家庭教育，[e]一直在关心着青少年朋友的成长。(成长在线)

（3）那个很多人说呢－李佳琦的文案特别好，但我觉得－[e]有那么一点点小问题，就是不太直观。(吐槽大会4)

（4）比如说小车呢－时速是120，客车呢－[e]是100，货车呢－[e]是80。(交广说法)

（5）吴昕已经参加了两季脱口秀大会，两季吐槽大会了，感觉<u>你</u>不是有我们公司的股份，[e]就是有我们公司的月票@@@。(吐槽大会4)

例（1）中，后一分句省略了主语，结合语境可确定其召回成分是前一分句的主语"他老婆"。例（2）中，第二分句也省略了主语，其召回成分是前一分句的主语"我们成长在线"。两个例子中省略的都是分句中的主语，召回成分也是分句中的主语，省略位置和召回成分句法等级平行。例（3）中，后一分句省略了宾语从句的主语，其召回成分是前一分句中宾语从句的主语"李佳琦的文案"。例（4）中存在两处主语省略，分别是第二分句的小主语和第三分句的小主语，这两个零形式同指，召回成分都是第一分句的小主语"时速"。因此，后两个例子的省略成分和召回成分句法等级也是平行的。

此外，也存在省略位置和召回成分都是主语但二者所属句法单位的句法等级不平行的情况，这种情况共有七处，占7.29%，这又可分为省略位置的句法等级低于召回成分和省略位置的句法等级高于召回成分两类。省略位置的句法等级低于召回成分的情况如：

（6）有一次，<u>我</u>如愿地从广播里听到了这样一句话："天河联盟成员，东方航空MU51304航班的头等舱金卡旅客王自健，您所乘坐的从虹桥飞往北京首都国际机场的飞机马上就要起飞了。"你知道[e]第一次听到，[e]那个感动吗？(今晚80后脱口秀)

（7）灌满之后，当时<u>我</u>认为，呃=[e]一定是要把第一次给到一个最需要它的人。(今晚80后脱口秀)

例（6）中，两处省略位置都是宾语从句中的主语，召回成分"我"是前一句的主语，省略位置的句法等级低于召回成分的句法等级。例（7）中，省略位置是宾语从句中的主语，召回成分"我"是主句中的主语，省略位置的句法等级也低于召回成分的句法等级。

省略位置的句法等级高于召回成分的如：

（8）我不知道<u>大家</u>有没有会自暴自弃的感觉，反正今年要毁灭

了，[e] 也就不做任何人生规划。(今晚80后脱口秀)

（9）如果您现在听到<u>我</u>说这句话的时候是看到周一早上凌晨重播的那遍的话，[e] 建议您收看完节目之后马上打开各种招聘网站开始找新的工作。(今晚80后脱口秀)

例（8）中，省略位置是第三分句的主语，召回成分是第一分句中宾语从句的主语。例（9）中，省略位置是第二分句中的主语，召回成分是第一分句状语中定语部分宾语从句的主语。①
②召回成分为宾语

召回成分为宾语的共23处，占主语省略总数的13.22%，其中省略部位和召回成分之间零间隔指称语的情况有15例。如：

（10）北京有一个妙峰山，大家听说过<u>这个地方</u>吗？[e] 是求子的圣地。(今晚80后脱口秀)

（11）为了化解跟领导之间的这种矛盾，我决定做一件我人生中最不擅长但我认为我一定能做好的<u>事情</u>，[e] 叫做拍马屁。(今晚80后脱口秀)

（12）我们说在家庭教育当中沟通是一个很重要的环节，在这儿呢–今天呃=在查看资料的时候发现一个小<u>故事</u>，[e] 讲的就是沟通的问题，今天一起来跟大家分享。(成长在线)

例（10）中，省略位置是句子的主语，召回成分是前一句的宾语"这个地方"。例（11）中，省略位置是后一分句的主语，召回成分是前一分句的宾语"事情"，但还原时应加上指量短语"这件"变成"这件事情"。例（12）中，省略位置是第三分句的主语，召回成分是前一分句的宾语"故事"。以上三例都是省略位置和召回成分之间召回距离极短，中间无实质句法成分间隔的情况。

有的小句省略位置和召回成分之间虽然间隔其他句法成分或小句，但是其中无其他指称性成分。如：

---

① 例（9）中的召回成分从句法性质上还可以分析成主语的定语小句中宾语从句的主语。因为两种分析不影响统计结果，因此我们文中只采取了其中一种分析方式。

(13) 说完老舅啊，还有老姨，啊=<u>袁咏仪</u>。这么一介绍-感觉［e］也认识董明珠啊。(吐槽大会4)

(14) 呃=那么这个呢-是<u>修正案草案</u>哈，［e］正在这个讨论当中呢还没有正式通过，［e］也是正在呢征求呃=这个所有的交通参与者的意见哈，那么接下来想请董平律师呢给我们介绍一下原这个《道路交通安全法》在这方面呢是怎么规定的。(交广说法)

例(13)中，省略位置是后一句宾语从句的主语，召回成分是前一句的宾语"袁咏仪"，属于跨句召回，但是间隔的语言单位没有指称性成分。例(14)中存在两处省略，第二处省略的召回成分是第一小句的宾语"修正案草案"，二者之间间隔一个零形主语的小句，省略成分与此小句的零形主语同指，除此之外，间隔小句无其他指称性成分。因此，以上两例虽然在省略位置和召回成分之间存在间隔的语言单位，但是其中不存在其他指称性成分，因此对召回成分可及性的影响不大。

有的小句省略部位和召回成分之间虽然间隔带有其他指称性成分的小句，但是其中的指称性成分处于旁价语中。如：

(15) 其实直播文案呢是非常有讲究的，你得这么写：你看这<u>海天黄豆酱</u>，［e］吃到嘴里就像这小精灵在你嘴里现磨的一样，嗯，［e］怎么吃都好吃，［e］老美味了。(吐槽大会4)

例(15)中标识的三处省略中，如果不算零形指称，后两处与召回成分之间都间隔了指称性成分"嘴里"和"小精灵"，但是它们在句中都处于旁价语中，其存在不会明显影响召回成分的可及性。实际上，例中后两处省略与召回成分间隔的小句也是零形主语小句，几个零形主语同指，构成话题链。几个零形主语小句构成语义地位上平等的并列小句，虽然后两处省略与召回成分之间存在间隔小句和间隔指称形式，但召回成分对几个小句零形主语的控制力是一样的。

也有一些"主语-宾语"类型的省略在省略位置和召回成分之间存在作为主价语的干扰性指称成分。如：

(16) 啊=在没有烟的时候跟别的<u>吸烟者</u>说一声："啊=麻烦给只

烟。"[e] 就会给他一只。(今晚80后脱口秀)

(17) 以后我觉得后代如果质疑我们为什么一定要看<u>李佳琦</u>，我们也只会用老舅的一句话回答他，就是"心里的花，我就要带它回家。"你说那如果发现 [e] 真的是骗人的怎么办？(吐槽大会4)

例（16）直接引语中的"烟"在句中做宾语，处于省略位置和召回成分之间。例（17）第二分句中的"我们""他"，第三分句直接引语中的"我""家"分别是做主语、宾语，也处于省略位置和召回成分之间。这种情况省略成分的召回实际是依靠说话人和听话人之间的互动效应实现的，说话人通过上文信息构建了一个较为明确的语境，听话人通过梳理逻辑语义关系并进行语用推理不难追踪召回成分。但是，间隔指称语为主介语（尤其是主语）时，召回成分的可及性往往会受到一定的影响，这时回指语往往不采用零形式，而是以用低可及性标识语（比如名词）回指为常。

③召回成分为定语

召回成分是定语的共9处，且都是领属性定语，占主语省略总数的5.17%。如：

(18) 说实在的，在刚开始工作的时候呢，<u>我</u>的收入不是特别高，[e] 大概-就是一个月能拿3000块钱，[e] 觉得生活不是特别好，因为 [e] 每个月还要上交我女朋友2500。(今晚80后脱口秀)

(19) 然后他们就给我看了<u>梁龙老师</u>的美妆视频，我的妈呀，[e] 真的是恐龙，难怪恐龙灭绝了。(吐槽大会4)

例（18）中，后三个分句有三处主语省略，召回成分都是第一分句中主语的领属性定语"我"。例（19）中，第二分句的主语省略，召回成分是第一分句中宾语的领属性定语"梁龙老师"。

④召回成分为兼语

召回成分为兼语的共9处，占主语省略总数的2.87%。如：

(20) 我有一个<u>朋友</u>前阵子就出了一个这样的事情，他喝得酩酊大醉，[e] 在那一块扶着车歪歪斜斜，这个时候过来一个交警，[e]

碰到交警。(今晚 80 后脱口秀)

例（20）中有两处主语省略，召回成分都是第一分句中的兼语"朋友"。

⑤召回成分为谓语

召回成分为谓语的共 2 处，占主语省略总数的 1.15%。如：

(21) 他老婆就总觉得-"唉呀，我是不是胖了"，于是呢-就去做运动-去减肥。大概坚持了三个星期吧，然后-她认为 [e] 有效果了，回家就问王建国："啊王建国，你觉得洒家这个……"@@@(今晚 80 后脱口秀)

例（21）中，省略位置是宾语从句中的主语，召回成分是上一句连谓结构中的 VP_2 "减肥"。

⑥召回成分为前一小句

召回成分为前一小句的仅一处，占主语省略总数的 0.57%。该例是：

(22) 如果电视机前的您现在已经听到我说这句话了，[e] 说明你明天早上一定会迟到了。(今晚 80 后脱口秀)

例（22）中，省略位置召回成分为前一小句，还原时可用"这"代替。

⑦召回成分为情景语境或百科知识

实际上存在召回成分不能在上下文中直接提取的情况，分为召回成分在情景语境中提取、召回成分在百科知识中提取两类，共 38 处。其中，召回成分在情景语境中提取的共 27 处，占主语省略总数的 15.52%，分为召回成分为自述者第一人称代词"我""我们"和召回成分从场景中提取两类。召回成分为自述者第一人称代词"我""我们"的共 25 处。如：

(23) 好，其实呢=言归正传，[e] 刚才说了吹牛呢=不是一个好习惯，呢=但是起码不会伤害到别人，但是我从来没有想过吹牛撒谎这种事情，有的人居然能把它做成伤害到自己。(今晚 80 后脱口

秀）

(24) [e] 很开心啊，[e] 又录吐槽大会了。（吐槽大会4）

(25) 当然这样的内容很多了，因为留言内容读不了那么多，[e] 只是简单地呃=读了几条听众朋友的留言内容。（交广说法）

召回成分从说话场景中提取的共两处。如：

(26) [e] 什么时候升上来的？（吐槽大会4）
(27) 咦，[e] 高度没变。（吐槽大会4）

例（26）和例（27）是自述者看着自动升降的麦克所说的话，通过语境听话人可以知道说话人说的是"麦克"。

召回成分从百科知识中提取的共11处，占主语省略总数的6.32%。如：

(28) 他说欣莉姐你好，啊-他说这个交通信号灯啊-配时有的时候不太合理，啊-如果 [e] 不解决这个问题，我们就总会压线。（交广说法）

(29) [e] 有-有点夸张了是吧？（今晚80后脱口秀）

根据百科知识，例（28）的召回成分是"交管部门"，例（29）的召回成分是"我的话"。

（2）宾语省略

全部语料中，宾语省略共25处，占单成分省略的12.02%。宾语省略的召回成分有宾语、主语以及百科知识。

①召回成分为宾语

召回成分为宾语的共15处，占宾语省略总数的60%。如：

(30) 老舅确实这个歌比人红很多，啊-歌红人不红，很多明星都翻唱过，他唱的《野狼disco》啊-频繁上热搜，那老舅自己呢-一直也没有上过 [e]。（吐槽大会4）

```
120 ┐
100 ┤  96
 80 ┤
 60 ┤
 40 ┤                                                    27
 20 ┤      23                                                    11
    │      ┌─┐   9    5                                 ┌─┐     ┌─┐
  0 ┤  55.17% 13.22% 5.17% 2.87%  2   1    15.52%  6.32%
              │      │     │    1.15% 0.57%
```

召回成分为主语　召回成分为宾语　召回成分为定语　召回成分为兼语　召回成分为谓语　召回成分为小句　召回成分从情景语境中提取　召回成分从百科知识中提取

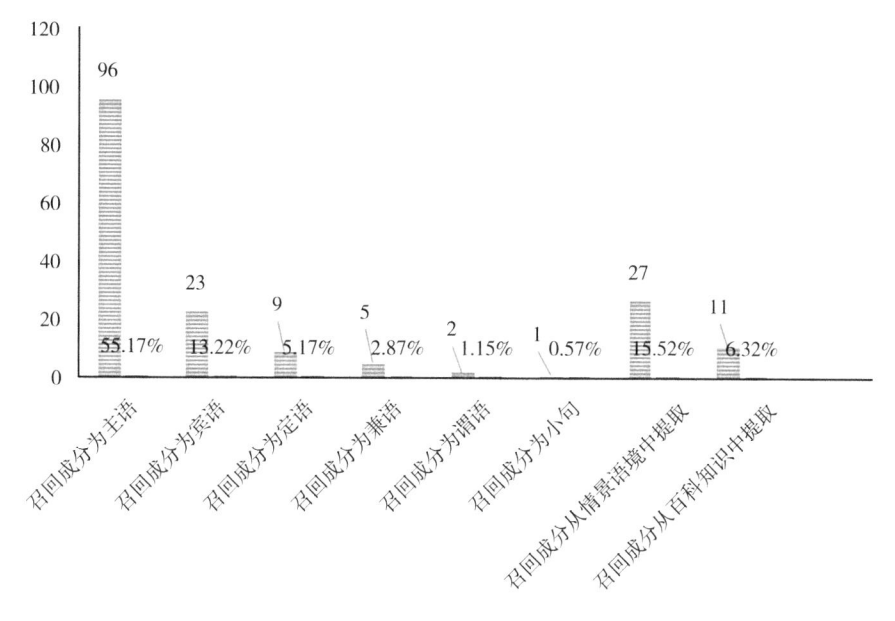

图 10-1　主语省略的召回成分类型

(31) 不过没关系，为了应付这种事情，我们节目组特别研制了这样一整套的起床体验服务，下面我们就去了解一下 [e]。(今晚80后脱口秀)

(32) 不是，最可恶的借火事件也是在机场，有人居然这样问我借 [e]，在机场里面。(今晚80后脱口秀)

(33) 现在太火了，然后也开始跟大牌合作了，不怵 [e] 了，这就叫拿人家口红手短，涂人家口红嘴软。(吐槽大会4)

例 (30) 召回成分是前一分句的宾语"热搜"。例 (31) 召回成分也是前一分句的宾语"服务"，但是需要在前加上指量短语"这套"。例 (32) 的召回成分是前一分句主语的双层定语中第二层定语中的宾语，属于召回成分的句法等级低于省略位置。例 (33) 省略位置是动词宾语，召回成分是介词宾语，而且召回成分是前一分句中做状语的介宾结构中的宾语，召回成分的句法等级也低于省略位置。

②召回成分为主语

召回成分为主语的共4处，占宾语省略总数的16%。如：

(34) 其实直播文案呢-是非常有讲究的,你得这么写[e]:你看这海天黄豆酱,吃到嘴里,就像这小精灵在你嘴里现磨的一样,嗯,怎么吃都好吃,老美味了。(吐槽大会4)

③召回成分从百科知识中提取

召回成分从百科知识中提取的共6处,占宾语省略总数的24%。如:

(35) 呃=但是我女朋友很会说宽心话,她就会跟我说:"自健呀,不要着急,你看呢,你一个月能赚3000,我呢-还从你那拿2500,这样咱们两个人月收入加起来呢-就是5500了。"算不过来[e]。(今晚80后脱口秀)

(36) 老舅确实这个歌比人红很多,啊-歌红人不红,很多明星都翻唱过[e],他唱的野狼迪斯科啊-频繁上热搜,那老舅自己呢--直也没有上过。(吐槽大会4)

根据百科知识,例(35)的召回成分应该是"这笔账",① 例(36)的召回成分应该是"他的歌"。

(3) 谓语省略

全部语料中,谓语省略共3处,占单成分省略的1.44%。语料中出现的谓语省略都是对话标识语"说"的省略,需要从相互知识中召回。如:

(37) 有一次我-在一个还比较繁华的地方,有一个打扮很入时的一个小伙子过来冲我[e]:"唉-哥们,有打火机吗?"(今晚80后脱口秀)

(38) 大师看了看我[e]:"那-你看小伙子,你这个三条抬头纹已经很深了,说明你的人生沟沟坎坎,不平不坦,而且你还居然留刘海,本身就有沟有坎你还把它遮住,你觉得你的运气会好吗?"(今晚80后脱口秀)

(4) 状语省略

---

① 理论上,"这笔账"也可能做主语,根据论述需要,此处将其处理为宾语。

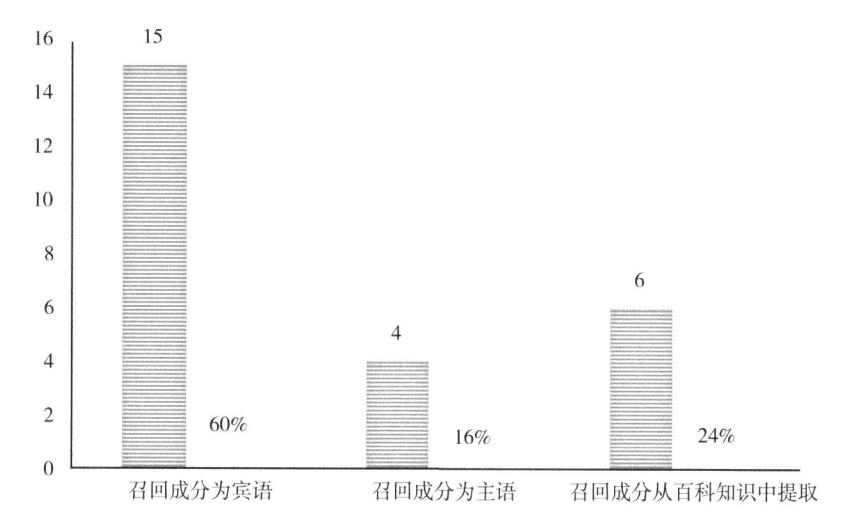

图 10-2　宾语省略的召回成分类型

全部语料中，状语省略共 3 处，占单成分省略的 1.44%。其中又可分为召回成分为状语的和召回成分为宾语的两小类。

①召回成分为状语

召回成分为状语的有 2 处。如：

(39) 好，把地板擦干净了。他又 [e] 踩脏了，他又 [e] 擦了一下。(今晚 80 后脱口秀)

②召回成分为宾语

召回成分为宾语的仅 1 处，例子如下：

(40) "唉，哥们，带火机了吗？""啊，给你。"他就 [e] 给我扔了。(今晚 80 后脱口秀)

例 (40) 中，做宾语的"火机"是召回成分的一部分，实际还原时还需要在前面加上介词"把"。

（5）数词省略①

全部语料中，数词省略共 2 处，占单成分省略的 0.96%。如：

（41）我有［e］个好朋友叫王建国。（吐槽大会 4）

（6）虚词省略

全部语料中，虚词省略共仅 1 处，占单成分省略的 0.48%。例子如下：

（42）这种感情是非常微妙［e］，很奇特的。（今晚 80 后脱口秀）

例（42）前一小句省略了结构助词"的"。我们对虚词省略的判定采取了审慎的态度，一般一个虚词只有在句法上或固定用法上需要出现而未出现的时候我们才可以判断为省略了虚词。例（42）是"是"字句，后面通常带上"的"字短语说明主语类别，"的"是结构助词，但是我们仅凭这一点不足以说明此处省略了"的"，因为这里的"是"还有可能是强调标记，这样的话整个小句就是表示强调的而不是表示判断，这样"的"就不必出现。之所以判断此处省略了"的"是参照后面的"很奇特的"，后面的"很奇特的"省略了"这种感情是"，是一个判断小句，"是"是一个判断动词，这样的话前一小句的"是"就只能是一个判断动词而不是强调标记，所以才说第一小句句末省略了"的"。

2. 两个成分省略

全部语料中，省略两个成分的共 61 处，占省略部位总数的 22.34%。吕叔湘（1942—2014）曾指出过文言文里对话记录直接省去"某某曰"的情况，吕叔湘称之为"照例省略"。现代汉语在直接引用的话语前面省去"我说""你说""我问""你问"或其他指人词语和言说类动词的情况，我们称之为"对话标识语的省略"。对话标识语的省略也是"主语+谓语中心语"两个成分的省略，据我们的语料考察结果，全部语料中共

---

① 根据我们前文对省略类型的探讨，数词省略和虚词省略与前面的主语省略、谓语省略等不是一个角度。由于从省略部位的句法性质角度我们只分析了以下两类，较单薄，因而就与主语省略、谓语省略等放在一起探讨了。

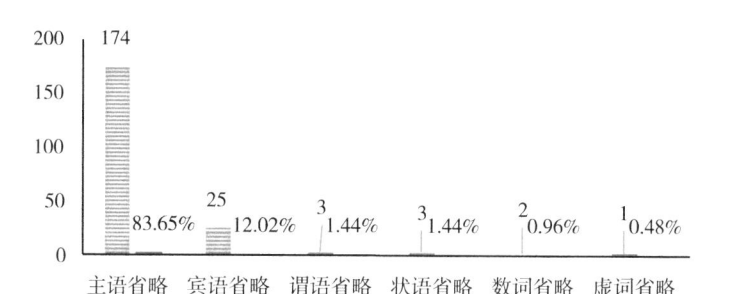

第十章　现代汉语讲述式口语中省略情况考察　　185

图 10-3　单成分省略的类型

有 48 处对话标识语的省略。两个成分省略的主要有"主语+谓语""主语+状语""谓语+宾语"三类。

（1）主语+谓语

全部语料中，"主语+谓语"省略共 51 处，占两个成分省略的 83.61%。如：

（43）我有一个朋友前阵子就出了一个这样的事情，他喝得酩酊大醉，在那一块扶着车歪歪斜斜，这个时候过来一个交警，碰到交警。[e]"同志，您是不是喝酒了？"[e]"没有啊，没喝。"[e]"同志，你看你都歪了。"[e]"我怎么歪了？这里就咱们两个人，你怎么能证明你是正的，我是歪的呢？"哲理啊各位。（今晚 80 后脱口秀）

（44）这种感情是非常微妙，[e]很奇特的。（今晚 80 后脱口秀）

例（43）中有 4 处对话标识语的省略，如果还原的话，召回成分可以分别是"交警问""我朋友说""交警说""我朋友说"。

（2）主语+状语

全部语料中，"主语+状语"省略共 7 处，占两个成分省略的 11.48%。如：

（45）其实，嗯=我们每个人的工作都有自己的优势，但是 [e] 有一个共同点-就是都会遇到一个非常讨厌的人，这个人叫领导。（今晚 80 后脱口秀）

(46) 好,因为我现在-今天穿得这个西服革履的呀,[e] 也=不太适合跳舞,但是我可以找我们团里跳得最差的一个人来给你们秀一下,好不好?(今晚80后脱口秀)①

(3) 谓语+宾语

全部语料中,"谓语+宾语"省略共 3 处,占两个成分省略的 4.92%。如:

(47) 不是啊-不是,你们仔细想,我不是胡乱猜测啊,你想什么是明珠?闪耀的灯球 [e] 嘛,啊-老舅董宝石,大姐董明珠,人家家那个灯球为什么那么闪耀?(吐槽大会4)

(48) 说实在的,抽烟是职场上一个非常重要的交际活动,现场有没有吸烟者-我看一下?OK,啊=大多数 [e]。(今晚80后脱口秀)

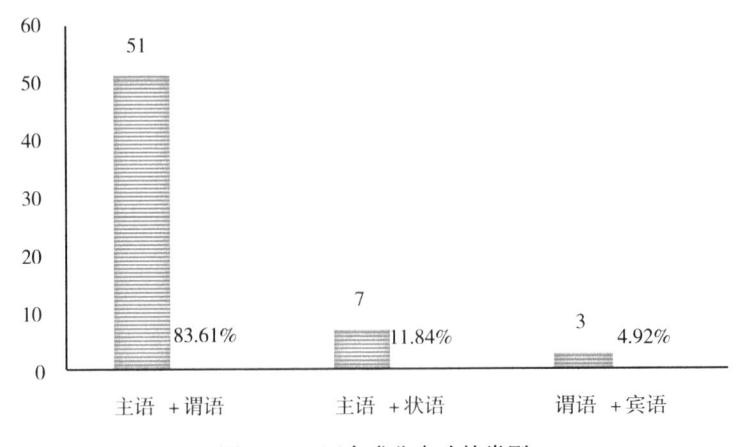

例(48)在还原时需要在召回成分"吸烟者"前面加上"是"。

图10-4 两个成分省略的类型

3. 三个成分省略

全部语料中,省略三个成分的共 4 处,占省略部位总数的

---

① 例中"今天"应该看作对"现在"的修正,因此后面的省略成分实际上也可以看作"我今天"。

1.46%。如：

(49) <u>老舅呢，自称是说唱歌手</u>，[e] 还上过中国新说唱，他那首《野狼 disco》我也可以唱，我唱得特别好，我那个节奏啊＝音准啊＝都掌握得特别好，就"左边跟我一起画个龙，啊右边画一道彩虹，走起"，是不是我唱得挺好的？@@@（吐槽大会4）

(50) <u>我们在这儿一起来关注您的孩子</u>，[e] 关心他的成长。（成长在线）

例（49）省略位置的召回成分是前一分句的主语和谓语动词"老舅自称"，但是其实这里本身还省略了宾语从句的主语，如果还原的话还要加上反身代词"自己"，因此例（49）省略了三个成分"主语+谓语+主语$_从$"。例（50）省略位置的召回成分为前一分句的"我们在这儿一起来"，是"主语+状语+谓语$_1$"。

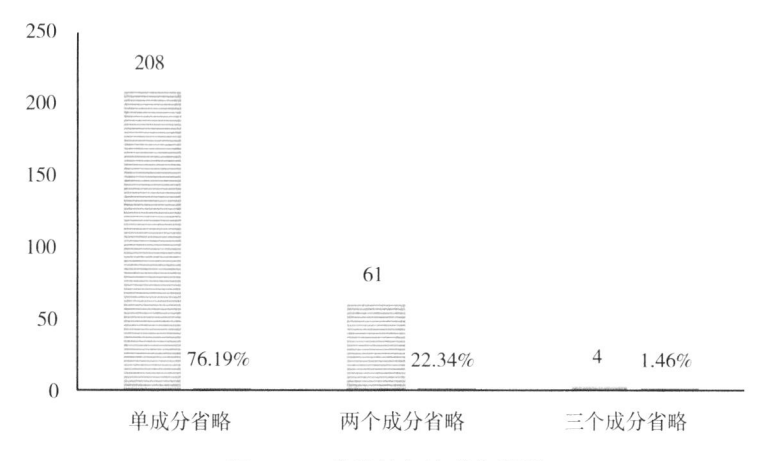

图 10-5 省略的句法成分类型

（二）省略的语境类型

根据发生省略的语境作用机制，讲述式口语的省略可以分为上下文省略、情景省略、百科知识省略三种。其中，上下文省略还可分为承前省略和蒙后省略；情景省略还可分为自述省略和当前省略。

1. 上下文省略

全部语料中，上下文省略共 169 处，占省略部位总数的 62.13%。其中承前省略 160 处。如：

(51) 我在多次跳槽转行之后，[e] 终于找到了一家企业愿意收容我。(今晚 80 后脱口秀)

蒙后省略共 9 处，如：

(52) 李佳琦真的特别拼，有一次直播呀-就是他一口气不停地涂-不停地涂 [e]，涂了十几只口红，粉丝就说："唉呀=别涂了，那个嘴都破了，别试了别试了。"(吐槽大会 4)

2. 情景省略

全部语料中，情景省略共 27 处，占省略部位总数的 9.93%。其中又可分为自述省略和场景省略，自述省略是指讲述式口语中指示说话人自身角色的代词"我""我们"省而不言的情况，当前省略是指说话时时间、地点、环境等显而易见的因素略而不说的情况。其中，自述省略共 25 处。如：

(53) [e] 跟卡姆和庞博呢-都特别熟了。(吐槽大会 4)

当前省略共 2 处，如例 (26)、例 (27)。

3. 百科知识省略

全部语料中，百科知识省略共 76 处，占省略部位总数的 27.94%。如：

(54) 人家这个音乐风格很神奇，啊-只闻其声不见其人，但是余音绕梁，[e] 就一直在脑海里盘旋，[e] 啊-听过之后就忘不了，[e] 一会盘成一条龙，[e] 一会盘成一道彩虹，仔细一看-是郭富城哈。(吐槽大会 4)

(55) 不管谁过来问我："子健，股票怎么样？" [e] "跌！"后来我弟弟叫我的时候，我都会跟他翻脸。他跟我说："哥，哥。" [e] "还割呢？再割就没了。"(今晚 80 后脱口秀)

例（54）根据百科知识可推知省略的是“歌声”。例（55）两处省略根据百科知识可推知都是“我说”。例（28）中“交管部门”作为交际双方共享的百科知识而省略。

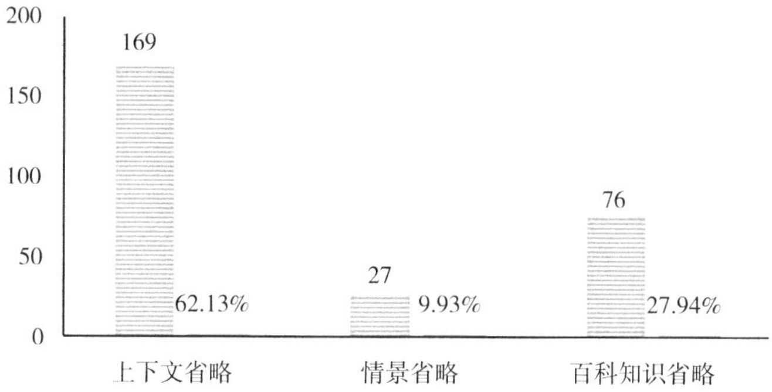
200
150
100
50
0
169
62.13%
27
9.93%
76
27.94%
上下文省略
情景省略
百科知识省略

图 10-6　省略的语境类型

（三）省略的召回距离类型

在全部语料中，句内省略共 8 处，占 4.73%；小句之间省略共 120 处，占 71.01%；跨句省略共 41 处，占 24.26%。可见，同一句内不同小句之间的省略占大多数，其次是跨句省略，同一小句内省略最少。

虽然句子边界是天然的语义边界，但是句内和跨句并不是衡量召回距离远近的最理想指标，因为召回距离跨句也可能是相邻的两个小句。如：

（56）［e］好想看老舅跟吴昕炒一回 CP 呀，我老舅我老舅妈-昕舅 CP，哎-你说这样的话，你得把热搜难为成什么样啊？［e］写什么东西呢？（吐槽大会 4）

召回距离在句内也可能是跨越几个小句。如：

（57）大概每个人都这样，毕业之后青涩一段时间，丢工作找工作，然后会找到一个适合自己的岗位，再干个三五年，［e］拿到一份月薪过万或 2 万或 3 万的收入，我觉得并不是特别困难。

例（57）是一个话题链结构，例中所标省略位置所在小句和召回成分所在小句在同一句内，但是两者之间间隔了四个零形主语小句，属于长距离回指。

此外，同样是跨句省略，跨句数目一致，但召回距离也会因为间隔小句的数量不同而不一样。如：

(58) 这才叫<u>转行</u>好吗？[e] 太成功了！（今晚80后脱口秀）

(59) 你们见过<u>梁龙</u>那些舞台造型吗？啊＝什么绿色貂皮大衣，配上红色的旗袍，还有高跟鞋，[e] 穿得跟那个劣质网页游戏里的人民币玩家一样，第一次去现场看的观众都惊呆了，不是摇滚乐队吗？（吐槽大会4）

例（58）和例（59）都是零间隔的跨句省略，但是例（58）的省略位置所在小句和召回成分所在小句是零间隔，而例（59）的省略位置所在小句和召回成分所在小句间隔了两个小句，召回距离存在差别。

如果我们以间隔小句数量为标准考察召回距离，则小句内省略有8处，占4.73%；相邻小句省略有102处，占60.36%；间隔一个小句的省略有36处，占21.30%；间隔2个小句省略有15处，占8.88%；间隔3个小句的省略有3处，占1.78%；间隔4个小句省略有1处，占0.59%；间隔5个小句省略有1处，占0.59%；间隔6个小句省略有2处，占1.18%；间隔7个小句有1处，占0.59%。由此可见，召回距离为相邻小句的最多，召回距离间隔3个小句以上的很少。

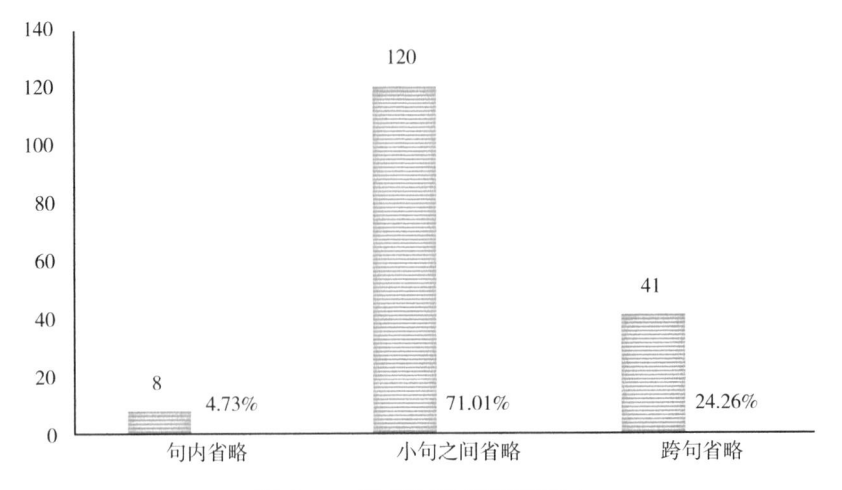

图 10-7　省略的召回距离类型 1

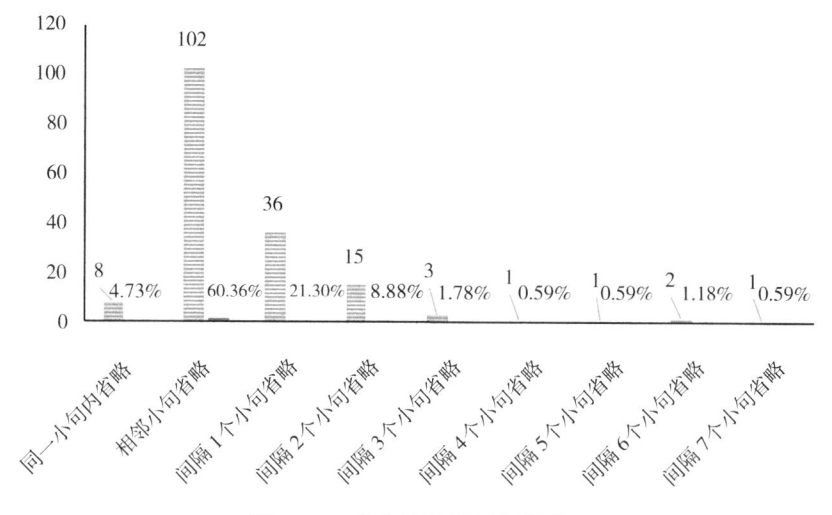

图 10-8　省略的召回距离类型 2

二　讲述式口语省略的特点

(一) 省略的句法成分类型特点

1. 省略成分以单成分为主，两个以上的多成分省略较少

在全部语料的 273 处省略中，单成分省略为 208 处，占 76.19%，其次是两个成分省略为 61 处，占 22.34%，三个成分省略数量极少，仅有 4 处，占 1.46%。由此可见，讲述式口语的省略特点和问答式口语不同，问答式口语中应答句往往多个成分同时省略；而讲述式口语以单成分省略为多，较少出现多个相邻成分同时省略的情况。这体现了省略的不同语体特征。与问答式口语相比，讲述式口语互动性相对较弱，过多的多成分省略容易造成回指定位困难，省略成分难以召回，从而容易造成言语意思表述不清的问题。讲述式口语在省略成分上的这一特点和书面语体较为相似。

2. 省略成分以主语为多，其次是宾语，其他成分较少省略

全部语料中，单成分的主语省略有 174 处，占单成分省略的 83.65%；单成分的主语省略加上带有主语省略的多成分省略共 232 处，占省略总数的 84.98%。单成分的宾语省略有 25 处，占单成分省略的 12.02%；单成

分的宾语省略加上带有宾语省略的多成分省略共 28 处，占省略总数的 10.26%。因此，从数量上看，主语省略最多，其次是宾语省略，但宾语省略的数量也比主语省略的数量低很多。我们通过语料考察可知，讲述式口语中主语省略占有绝对优势。其实主语省略占优势不只是讲述式口语省略的特点，其他语体的省略中也存在这一特点，这与主语的可及性高有关。

可及性是一个心理学术语，指的是一个人在说话时从记忆系统中提取一个语言单位或记忆单位的便捷程度。① Keenan & Comrie (1977) 提出了"名词短语可及性等级体系"（NP accessibility hierarchy），认为由名词短语充当的主语 (S)、直接宾语 (DO)、间接宾语 (IO) 和旁语 (Obl) 构成一个可及性等级序列：S>DO>IO>Obl。这一等级序列中的句法成分从左到右的可及性依次递减。这是一条世界语言普遍适用的共性规律，沈家煊 (1998) 证明这一规则同样适用于汉语。Ariel (1990) 认为，不同形式的指称词语表明实体表征在说话者心中的不同可及度，因此指称词语也可以称作可及性标识语。Ariel 将可及性标识语分为三类：指称百科语境中某个实体的指称词语，如专有名词和有定描述语，是低可及性标识语；指称有形语境中某个实体的指称词语，如指示词语，是中可及性标识语；只用于指称语篇语境中某个实体的指称词语，如代词及其零形式，是高可及性标识语。② 许余龙 (2000) 的语料考察结果显示，汉语语篇中，特别是口语化程度高的语篇中，零形指代大量出现，而且 91.3% 的零形指代用于句内指称，依据这一分布状况有理由认为汉语中零形指代是高可及性标识语。总之，在名词性成分中，主语的可及性最高，当语篇中需要指称作为实体表征的主语时，零形指代是常用的形式，因此汉语语篇中主语省略非常普遍。

3. 省略位置和召回成分的占位③关系倾向于一致

在单成分省略中，召回成分在上下文中的共 156 处，其中"主语-主语"型省略 96 处，占 61.54%；"宾语-宾语"型省略 15 处，占 9.62%；"状语-状语"型省略 2 处，占 1.28%。上述几种省略位置和召回成分之间占位关系一致的省略类型共 113 处，占 72.44%。多成分省略中，召回

---

① 许余龙，2000，《英汉指称词语表达的可及性》，《外语教学与研究》第 5 期。
② 许余龙，2000，《英汉指称词语表达的可及性》，《外语教学与研究》第 5 期。
③ "占位"指的是所占句法位置。

成分在上下文中的共 13 处，这些省略位置和召回成分之间的占位关系完全一致。

省略位置和召回成分之间占位关系倾向于一致是很容易理解的。省略的前提必须是语义不能出现含混不清或歧义的情况，相较于省略位置和召回成分占位关系不一致的情况，二者占位关系一致则省略成分更容易召回。蒋平（2003）认为"主语–主语"和"宾语–宾语"都属于可及性较高的占位关系，其中"主语–主语"的可及性要高于"宾语–宾语"，越是可及性高的占位关系，回指的指称形式越倾向于采用零形式（省略），因此名词性成分省略中省略位置和召回成分之间占位关系倾向一致可以获得解释，其余成分省略中省略位置和召回成分之间占位关系倾向一致的道理类似于名词性成分省略。

4. 省略位置和召回成分之间间隔指称语的情况受到二者占位关系的影响

经过语料统计我们发现，在"主语–主语"型省略中，零间隔指称语有 17 例，占 17.71%；存在主语位置间隔指称语的有 20 例，占 20.83%；存在宾语或旁语位置间隔指称语的有 59 例，占 61.46%。在"主语–宾语"型省略中，零间隔指称语有 15 例，占 65.22%；存在主语位置间隔指称语的有 3 例，占 13.04%；存在宾语或旁语位置间隔指称语的有 5 例，占 21.74%。① 因此，我们可以得到三组数量比重关系：

零间隔指称语的比重：主语–宾语>主语–主语（">"表示左边比重大于右边，下同。）

存在主语位置间隔指称语的比重：主语–主语>主语–宾语

存在宾语或旁语位置间隔指称语的比重：主语–主语>主语–宾语

之所以存在这样的间隔指称语比重对比关系，我们认为与省略位置和召回成分占位关系的可及性高低有关。蒋平（2003）认为，不仅先行语的句法位置体现为不同的可及性程度，回指语的句法位置同样有影响，他提出先行语和回指语占位关系可及性高低的等级序列：

主语–主语>宾语–宾语>主语–宾语/旁语>宾语/旁语–主语>旁语–旁语

---

① 由于语料样本数量的限制，我们只考察了主语省略的情况。此外，当省略位置和召回成分之间既间隔主语位置指称语又间隔宾语或旁语位置间隔指称语时，我们统一算作了主语位置间隔指称语，这对结论没有影响。

为了方便论述，我们将上述等级序列改为省略位置和召回成分占位关系的可及性高低等级序列：

主语–主语＞宾语–宾语＞宾语/旁语–主语＞主语–宾语/旁语＞旁语–旁语

在上述等级序列中，越是左边的占位关系回指成分越倾向于使用高可及性标识语。我们如果单独看"主语–主语""主语–宾语"两组占位关系可及性的高低，"主语–主语"的可及性要高于"主语–宾语"。

由此我们推测，高可及性占位关系受间隔指称语干扰的可能性要小于低可及性占位关系，因此总体上低可及性占位关系中出现间隔指称语（尤其是主语位置间隔指称语）的可能性要小于高可及性占位关系，否则省略很难发生，即省略位置和召回成分占位关系的可及性高低程度与零间隔指称语的出现频率成反比，与主语位置间隔指称语和宾语/旁语位置间隔指称语的出现频率成正比。我们通过语料统计得到的上述三组数量比重关系印证了我们的推测。

5. 省略位置和召回成分所处句法位置的句法等级倾向于平行

在单成分省略中，召回成分在上下文中的共156处，省略位置和召回成分所处句法位置的句法等级平行的有138处，占88.46%。多成分省略中，召回成分在上下文中的共13处，省略位置和召回成分所处句法位置的句法等级全部平行。

以"主语–主语"型省略为例，句法等级平行的有89处，占92.71%，句法等级不平行的分为省略位置句法等级低于召回成分和省略位置句法等级高于召回成分两类。据我们的语料考察结果，除跨句省略外，省略位置句法等级低于召回成分的情况一般是依附小句或内嵌小句中的主语省略，省略位置处于内嵌小句的例子如例（6）、例（7）。省略位置处于依附小句的，省略位置所属小句往往事件性较弱，传递背景化信息，对应一系列低及物性特征。据屈承熹（2006），前景材料处于事件线索当中，倾向于以事件为序，使用非静态动词，用完成体表示。后景材料通常不处于事件线索当中，语序不必按时间排列，可以采用状态动词，并且通常用未完成体。方梅（2008）称这类小句为主语零形反指小句，认为这是运用语序和连贯手段对背景信息进行包装的方式，实质上是一种句法降级手段。我们考察的语料中主语零形反指小句的例子如：

(60) 也许[e]跟上市公司的主席是比不了，但是我说相声主持节目成为了一个知名艺人之后，呃=收入明显地提高了。(今晚80后脱口秀)

例(60)第一小句是主语零形反指，含让步意味，不构成事件主线信息。陈平(1987)很早便指出，零形反指的小句在话语结构上一定得从属于先行语所在的小句，如果反指所在的小句与先行语所在的小句是平等关系或主从关系，那么反指不能采用零形式，即不可省略。例(60)中，由于后一小句用了转折连词"但是"，小句间的主次关系比较清晰，不具有通过主语零形反指对第一小句进行句法降级的强制性，因此第一小句的主语可以采用零形反指，也可以补上。省略位置句法等级高于召回成分的除了召回成分处于内嵌小句或附加成分中，还有召回成分为主谓谓语句中小主语的情况。如：

(61)宝石-大家都叫他老舅，[e]说是为了亲切，哎=确实挺亲切的。(吐槽大会4)

陈平(1987)指出，零形回指所在的句子同先行词所在的句子在话语语义结构中相隔一般不超过三个层次。这是从语义结构层次角度对召回距离的限定。距离因素是影响先行语可及性的重要因素，句法等级其实也是一种距离，相较于省略位置和召回成分句法等级平行的情况，二者句法等级不平行意味着召回距离更远，先行语(召回成分)的可及性降低，召回更加困难。

(二) 省略的语境类型特点

省略的语境类型中，非上下文省略占有较高比重。据我们的语料统计结果，讲述式口语省略的语境类型中，上下文省略有169处，占62.13%；非上下文省略103处，占37.87%。虽然上下文省略仍是数量最多的类型，但是非上下文省略也占有较高的比重。据第八章对《民法典》省略情况的考察，《民法典》中共有263处省略，我们从中统计得出非上下文省略仅37处，占14.07%。与书面规定语体相比，讲述式口语中非上下文省略所占比重明显偏高，而且讲述式口语的非上下文省略存在情景省略和百科知识省略两种,《民法典》中的非上下文省略仅涉及百科知识省略。

之所以讲述式口语中非上下文省略比重远高于书面规定语体中非上下文省略比重,与两种语体关涉的语境因素数量有关。一般而言,书面规定语体的语境构成因素只涉及语言内知识和部分语言外的百科知识;而口语语体的语境构成因素除了涉及语言内知识,还会涉及情景知识和百科知识这些语言外知识。省略是在特定语境条件下发生的,语境的构建是省略得以发生的前提,讲述式口语作为一种口语语体类型,其语境构成因素中有更多的语言外知识,所以非上下文省略才会占有较高的比重。

(三) 省略的召回距离类型特点

在省略的召回距离方面,省略位置和召回成分之间的召回距离一般较短。在我们的语料统计中,句内省略共 8 处,占 4.73%;小句之间省略共 120 处,占 71.01%;跨句省略 41 处,占 24.26%。如果按小句作为召回距离的基本计算单位进行计算,则同一小句内省略共 8 处,占 4.73%,相邻小句省略 102 处,占 60.36%;间隔一个小句省略 36 处,占 21.30%;间隔两个小句省略 15 处,占 8.88%;间隔三个小句省略 3 处,占 1.78%;间隔四个小句省略 1 处,占 0.59%;间隔六个小句省略 2 处,占 1.18%;间隔七个小句省略 1 处,占 0.59%。从语料统计结果中可以发现,同一句内不同小句间省略占比较大,而所有语料中相邻小句省略和间隔一个小句省略占绝大多数。在跨句省略中,属于相邻小句间省略的有 18 处,间隔一个小句省略的有 10 处,二者共占跨句省略总数的 68.29%。因此,总的来说,召回距离一般以短距离为主,长距离召回比重很小。

我们用高可及性占位关系"主语-主语"来实际测试召回距离对可及性的影响,发现在间隔一个小句省略的类型中,"主语-主语"型省略有 18 处,占 50%;在间隔两个小句省略的类型中,"主语-主语"型省略有 9 处,占 60%;在间隔三个小句省略的类型中,"主语-主语"型省略有 2 处,占 66.67%;在间隔四个以上小句省略的类型中,"主语-主语"型省略有 5 处,占 100%。由此可以发现,随着省略位置和召回成分之间召回距离的增加,省略越来越倾向于发生在高可及性占位关系中,低可及性占位关系发生省略的可能性越来越小。

对于名词性成分来说,距离越长则先行语(召回成分)的可及性越低,回指或反指难度越大。并且,距离越长同时也意味着间隔指称语的可能性越大，间隔指称语的出现同样会对省略成分的召回造成干扰。Ariel 认为影响先行语可及性的因素主要有四种：距离因素、竞争因素、凸显因素和一致性。[①] 距离因素自不必说。竞争因素是指先行语角色竞争者的数量，这主要与间隔指称语的数量有关，而间隔指称语的数量与间隔距离存在直接关系，间隔距离越大往往意味着出现间隔指称语的可能性越大，数量越多。凸显因素讲的是先行语作为语篇主题则会具有较高的显著度，因此可及性也会越大。的确，先行语显著在长距离回指中占有很大比重，比如话题链结构，但语篇主题的控制力也有一个边界问题，本质上也是距离因素对控制力产生影响。一致性是指表达框架的一致，召回距离中小句之间衔接方式的改变会增加召回难度，Ariel 认为具有转折、对比意义关联词语的使用会对表达框架的一致性造成破坏，从而增加召回难度。而表达框架的改变实际上也受到召回距离的影响，召回距离越长，出现破坏表达一致性因素的可能性就越大；召回距离越短，表达一致性就越容易实现。因此，对于上下文省略来说，可以说召回距离是影响省略位置还原的最关键因素。

[①] 蒋平，2003，《影响先行语可及性的因素》，《外国语（上海外国语大学学报）》第5期。

参考文献

中文著作

陈建民，1990，《非主谓句》，人民教育出版社。
陈望道，2008，《修辞学发凡》，复旦大学出版社。
陈伟英，2009，《现代汉语主语省略的认知语用研究》，浙江大学出版社。
丁声树等，1961，《现代汉语语法讲话》，商务印书馆。
范开泰、张亚军，2000，《现代汉语语法分析》，华东师范大学出版社。
范晓主编，1998，《汉语的句子类型》，书海出版社。
冯胜利，2000，《汉语韵律句法学》，上海教育出版社。
冯志伟，2013，《现代语言学流派》（增订本），商务印书馆。
高名凯，1986，《汉语语法论》，商务印书馆。
龚千炎，1997，《中国语法学史》（修订本），语文出版社。
郭中平，1957，《简略句、无主句、独词句》，新知识出版社。
何自然、冉永平编著，2010，《新编语用学概论》，北京大学出版社。
洪心衡编著，1981，《现代汉语语法概要》，广东人民出版社。
胡裕树主编，1995，《现代汉语》（重订本），上海教育出版社。
黄伯荣、廖序东主编，1991，《现代汉语》（增订版），高等教育出版社。
——，2002，《现代汉语》（增订三版），高等教育出版社。
黄关福，1983，《英语中的省略》，商务印书馆。
黄汉生主编，1981，《现代汉语（语法修辞）》，书目文献出版社。
季羡林主编，2002，《吕叔湘选集》，东北师范大学出版社。
金兆梓，1983，《国文法之研究》，商务印书馆。

黎锦熙，1992，《新著国语文法》，商务印书馆。

黎锦熙、刘世儒，1957，《汉语语法教材》（第一编基本规律），商务印书馆。

李旭、田启涛、罗舒，2011，《〈左传〉省略句考察及其语用学分析》，四川大学出版社。

刘丽萍，2015，《句法省略与汉语截省句研究》，中国社会科学出版社。

刘叔新主编，2002，《现代汉语理论教程》，高等教育出版社。

刘翔、陈抗、陈初生、董琨编著，1989，《商周古文字读本》，语文出版社。

刘焱，2004，《现代汉语比较范畴的语义认知基础》，学林出版社。

刘月华等，2001，《实用现代汉语语法》（增订本），商务印书馆。

陆俭明，2003，《现代汉语语法研究教程》（第三版），北京大学出版社。

吕冀平，1983，《汉语语法基础》，黑龙江人民出版社。

吕叔湘，2014，《中国文法要略》，商务印书馆。

——，1953，《语法学习》，中国青年出版社。

——，1969，《从主语宾语的分别谈国语句子的分析》，香港龙门书店。

——，1979，《汉语语法分析问题》，商务印书馆。

吕叔湘主编，1999，《现代汉语八百词》（增订本），商务印书馆。

马建忠，1983，《马氏文通》，商务印书馆。

邵敬敏，1996，《现代汉语疑问句研究》，华东师范大学出版社。

邵敬敏主编，2001，《现代汉语通论》，上海教育出版社。

史锡尧、杨庆蕙主编，1984，《现代汉语》，北京师范大学出版社。

索振羽编著，2000，《语用学教程》，北京大学出版社。

王力，1985，《中国现代语法》，商务印书馆。

——，1954，《中国语法理论》（全二册），中华书局。

——，1980，《汉语史稿》，中华书局。

王钟林，1978，《现代汉语语法》，内蒙古人民出版社。

邢福义主编，1986，《现代汉语》，高等教育出版社。

徐杰，2001，《普遍语法原则与汉语语法现象》，北京大学出版社。

徐赳赳，2003，《现代汉语篇章回指研究》，中国社会科学出版社。

殷树林，2009，《现代汉语反问句研究》，黑龙江大学出版社。

张斌主编，1988，《现代汉语》，中央广播电视大学出版社。

张伯江、方梅，1996，《汉语功能语法研究》，江西教育出版社。

张静，1987，《汉语语法问题》，中国社会科学出版社。

张克礼、刘春健编著，1984，《英语中的省略现象》，天津人民出版社。

张志公，1953，《汉语语法常识》，中国青年出版社。

张中行，1984，《非主谓句》，上海教育出版社。

赵元任，1979，《汉语口语语法》，商务印书馆。

——，1980，《语言问题》，商务印书馆。

朱德熙，1982，《语法讲义》，商务印书馆。

朱庆祥，2019，《语体视角下的现代汉语小句依存性研究》，上海人民出版社。

[美] 屈承熹，2006，《汉语篇章语法》，潘文国等译，北京语言大学出版社。

[英] 戴维·克里斯特尔编，2000，《现代语言学词典》，沈家煊译，商务印书馆。

中文期刊论文

安汝磐，1984，《试谈主语的承前省略》，《北京师院学报》（社会科学版）第1期。

陈满华，2010，《由背景化触发的非反指零形主语小句》，《中国语文》第5期。

陈平，1987，《汉语零形回指的话语分析》，《中国语文》第5期。

陈伟英，2005，《省略与省力》，《浙江大学学报》（人文社会科学版）第6期。

陈信春，1982，《关于后分句主语承前宾语而出现及省略的问题》，《语言教学与研究》第2期。

储泽祥，1996，《叙事体中施事主语省略的语用价值》，《修辞学习》第4期。

杜道流，1997，《省略浅说》，《淮北煤师院学报》（社会科学版）第

2 期。

——，2000，《会话省略中的焦点控制及句法语义影响》，《语言教学与研究》第 4 期。

段继绪，2019，《从实义动词到零形语素："连"省略的制约、效果与动因》，《新疆大学学报》（哲学·人文社会科学版）第 6 期。

戴茹冰、侍冰清、李斌、曲维光，2019，《语义省略"的"字结构中心语自动补全研究》，《汉语学习》第 5 期。

——，2020，《基于 AMR 语料库的汉语省略与论元共享现象考察》，《外语研究》第 2 期。

——，2020，《语义省略"的"字结构自动识别研究》，《语言科学》第 1 期。

范开泰，1990，《省略、隐含、暗示》，《语言教学与研究》第 2 期。

方梅，1985，《关于复句中分句主语省略的问题》，《延边大学学报》（社会科学版）第 1 期。

——，2007，《语体动因对句法的塑造》，《修辞学习》第 6 期。

——，2008，《由背景化触发的两种句法结构——主语零形反指和描写性关系从句》，《中国语文》第 4 期。

方小燕，1989，《现代汉语成分省略的性质和确定》，《华南师范大学学报》（社会科学版）第 4 期。

傅玉，2010，《最简句法框架下的谓词省略研究》，《外语教学与研究》第 4 期。

——，2014，《"小句左缘理论"框架下的英汉截省句对比研究》，《外语教学与研究》第 1 期。

高明乐、郭献庭，2003，《从空语类看英语和汉语的不同语法特点》，《外语研究》第 3 期。

韩景泉，1997，《空语类理论与汉语空位宾语》，《国外语言学》第 4 期。

贺川生，2007，《动词空缺、左边界省略及英汉语主语位置》，《现代外语》第 2 期。

洪笃仁，1954，《汉语句子的"省略"问题》，《厦门大学学报》（文史版）第 1 期。

侯家旭，2000，《替代、省略与篇章衔接》，《山东外语教学》第

4 期。

胡敕瑞，2006，《代用与省略——论历史句法中的缩约方式》，《古汉语研究》第 4 期。

胡晓玲，1987，《汉语空范畴识别》，《外国语（上海外国语学院学报）》第 5 期。

华宏仪，2002，《主语承非主语省略探讨》，《烟台师范学院学报》（哲学社会科学版）第 2 期。

黄南松，1995，《论省略》，《汉语学习》第 6 期。

——，1996，《现代汉语叙事体语篇中的成分省略》，《中国人民大学学报》第 5 期。

黄衍，1992，《汉语的虚范畴》，《中国语文》第 5 期。

黄瓒辉，2003，《焦点、焦点结构及焦点的性质研究综述》，《现代外语》第 4 期。

蒋平，2003，《影响先行语可及性的因素》，《外国语（上海外国语大学学报）》第 5 期。

——，2004，《零形回指现象考察》，《汉语学习》第 3 期。

李宝伦、潘海华、徐烈炯，2003，《对焦点敏感的结构及焦点的语义解释（上）》，《当代语言学》第 1 期。

李艳惠，2005，《省略与成分缺失》，《语言科学》第 2 期。

廖秋忠，1984，《现代汉语中动词支配成分的省略》，《中国语文》第 4 期。

——，1991，《篇章与语用和句法研究》，《语言教学与研究》第 4 期。

刘丹青，2010，《汉语是一种动词型语言——试说动词型语言和名词型语言的类型差异》，《世界汉语教学》第 1 期。

刘海咏，2017，《汉语和英语动词的宾语省略比较》，《励耘语言学刊》第 2 期。

刘慧英，1992，《小议"比"字句内比较项的不对称结构》，《汉语学习》第 5 期。

刘丽萍、韩巍峰，2015，《汉语并列空动词句的语用特征》，《世界汉语教学》第 1 期。

刘探宙，2008，《多重强势焦点共现句式》，《中国语文》第 3 期。

刘鑫民，1995，《焦点、焦点的分布和焦点化》，《宁夏大学学报》（人文社会科学版）第 1 期。

李榕、陈晓、金贤姬，2021，《基于平行语料的汉外话题省略现象分析》，《外语教学与研究》第 6 期。

刘锐、徐杰，2022，《标题中的量词省略及其理论解释》，《华文教学与研究》第 2 期。

陆烁、潘海华，2019，《从"NP 的 NP"名词短语结构看"谓词隐含"》，《语言教学与研究》第 3 期。

吕叔湘，1986，《汉语句法的灵活性》，《中国语文》第 1 期。

苗杰、张学成，2004，《关于"省略"和"隐含"的区分》，《杭州师范学院学报》（社会科学版）第 2 期。

聂莉娜，2001，《反问的非零形答句》，《修辞学习》第 5 期。

邵敬敏，1991，《"省略句"与"非主谓句"新说》，《语文学习》第 7 期。

沈家煊，1989，《不加说明的话题——从"对答"看"话题——说明"》，《中国语文》第 5 期。

沈阳，1994，《祈使句主语省略的不同类型》，《汉语学习》第 1 期。

施关淦，1994，《关于"省略"和"隐含"》，《中国语文》第 2 期。

司富珍，2005，《汉语的几种同音删略现象》，《语言教学与研究》第 2 期。

孙云，1984，《主语蒙后省略》，《天津师大学报》第 1 期。

陶红印，1999，《试论语体分类的语法学意义》，《当代语言学》第 3 期。

陶红印，2007，《操作语体中动词论元结构的实现及语用原则》，《中国语文》第 1 期。

田启林、温宾利，2015，《准双宾结构中无定量化成分省略问题初探》，《语言科学》第 2 期。

王德亮，2004，《汉语零形回指解析——基于向心理论的研究》，《现代外语》第 4 期。

王维贤，1985，《说"省略"》，《中国语文》第 6 期。

王宜广、宫领强，2022，《量词省略的韵律和语体机制分析》，《汉语学习》第 3 期。

谢双成，1990，《汉语省略成分的自由与限制》，《中文自修》第3期。

徐烈炯，1994，《与空语类有关的一些汉语语法现象》，《中国语文》第5期。

徐思益，2000，《谈隐含》，《新疆大学学报》（哲学社会科学版）第4期。

许余龙，2000，《英汉指称词语表达的可及性》，《外语教学与研究》第5期。

——，2002，《语篇回指的认知语言学探索》，《外国语（上海外国语大学学报）》第1期。

——，2003，《语篇回指的认知语言学研究与验证》，《外国语（上海外国语大学学报）》第2期。

玄玥，2002，《焦点问题研究综述》，《汉语学习》第4期。

叶狂，2020，《是省略还是空宾语？——动词重复类省略句的新视角》，《当代语言学》第1期。

于根元，1984，《反问句的性质和作用》，《中国语文》第6期。

袁毓林，1994，《句法空位和成分提取》，《汉语学习》第3期。

——，1995，《谓词隐含及其句法后果——"的"字结构的称代规则和"的"的句法、语义功能》，《中国语文》第4期。

——，2002，《汉语句子的文意不足和结构省略》，《汉语学习》第3期。

张桂宾，1993，《省略句研究述评》，《汉语学习》第1期。

张国宪，1993a，《论对举格式的句法、语义和语用功能》，《淮北煤师院学报》第1期。

——，1993b，《谈隐含》，《中国语文》第2期。

张会森，2001，《俄汉语中的"无主语句"问题》，《外语学刊》第3期。

张全生，2010，《焦点副词的连用和一句一焦点原则》，《汉语学报》第2期。

张天伟，2011，《省略的定义和研究路径：理论与应用》，《外语研究》第6期。

张天伟、曹永妹，2012，《汉英省略的给定限制条件》，《河北大学学报》(哲学社会科学版)第 6 期。

张天伟,2019,《现代汉语名词性结构省略的句法语义限制条件研究》,《外语教学与研究》第 6 期。

张天伟、马秀杰,2019,《自然焦点与现代汉语宾语省略的本质》,《外语研究》第 2 期。

赵世举,1999,《关于汉语省略句的判定标准问题》,《中南民族学院学报》(哲学社会科学版)第 4 期。

郑远汉,1998,《省略句的性质及其规范问题》,《语言文字应用》第 2 期。

周永、江火,2014,《现代汉语后续句中三种省略结构的性质与允准》,《语言科学》第 6 期。

周永、吴义诚,2019,《省略结构的等同条件与允准机制》,《外语教学》第 6 期。

朱斌、何柳、霍雅欣,2018,《〈雷雨〉会话的宾语省略类型和特点》,《现代语文》第 4 期。

——,1987,《句子和主语——印欧语影响现代书面语和汉语句法分析的一个实例》,《世界汉语教学》创刊号。

朱文献,1984,《怎样区别简略句和非主谓句》,《语文教学与研究》第 2 期。

朱晓亚,1996,《试论两种类型的答句》,《徐州师范学院学报》第 2 期。

朱云生、苗兴伟,2002,《英汉省略的语篇衔接功能对比》,《山东外语教学》第 1 期。

祝克懿,1987,《省略与隐含》,《河南大学学报》(哲学社会科学版)第 5 期。

中文学位论文

付艳丽,2007,《现代汉语省略句研究》,硕士学位论文,东北师范大学。

高丽桃,2004,《试论现代汉语省略句》,硕士学位论文,内蒙古师范大学。

何亚红,2019,《现代汉语缩略语的词汇化研究》,硕士学位论文,上海师范大学。

金美锦，2020，《汉韩零句对比研究》，博士学位论文，黑龙江大学。

李晓奇，2016，《现代汉语系词类动词的省略研究》，博士学位论文，北京大学。

刘丽萍，2006，《汉语截省句》，博士学位论文，北京语言大学。

王小晗，2017，《汉英句子成分省略的对比及相关汉语教学问题》，硕士学位论文，华中科技大学。

杨晓蕴，2009，《法律语体零形回指分析——兼与文艺语体零形回指比较》，硕士学位论文，浙江大学。

张悦，2012，《汉语主语省略句的语用学研究》，硕士学位论文，渤海大学。

赵耿林，2016，《语义缺省的认知拓扑研究》，博士学位论文，西南大学。

中文析出文献

高名凯，1956，《汉语里的单部句》，载张志公主编《语法和语法教学——介绍"暂拟汉语教学语法系统"》，人民教育出版社。

沈家煊，1998，《英汉对比语法三题》，载刘重德主编《英汉语比较与翻译》，青岛出版社。

杨成凯，1990，《语言学中的省略概念》，载胡盛仑主编《语言学和汉语教学》，北京语言学院出版社。

中文工具书

中国社会科学院语言研究所词典编纂室编，2016，《现代汉语词典》（第7版），商务印书馆。

外文著作

Ariel. M., 1990, *Accessing Noun-phase Antecedents*, London: Routledge.

Blakemore. D., 1987, *Semantic Constraints on Relevance*, Oxford: Blackwell.

——, 2002, *Relevance and Linguistic Meaning—The Semantics and*

Pragmatics of Discourse Maskers, Cambridge: Cambridge University Press.

Brown. G. & G. Yule, 1983, *Discourse Analysis*, London and New York: Cambridge University Press.

Edward. T. Hall, 1976, *Beyond Culture*, New York: Anchor Books.

Firth, J. R., 1957, *A Synopsis of Linguistic Theory: Studies in Linguistic Analysis*, Oxford: Blackwell.

Givon. T., 1983, *Topic Continuity in Discourse Analysis: A Quantitative Cross-linguistic Study*, Amsterdam: John Benjamins Publishing Company.

Halliday. M. A. K. & R. Hasan, 1976/2007, *Cohesion in English*, London: Longman.

Hymes, D., 1972, *Directions in Sociolinguistics: The Ethnography of Communication*, New York: Holt, Rinehart and Winston.

Lambrecht, Knud., 1994, *Information Structure and Sentence Form: Topic, Focus and the Mental Representation of Discourse Referents*, Cambridge: Cambridge University Press.

Li & Thompson, 1981, *Mandarin Chinese*, Berkeley and Los Angeles: University of California Press.

Lobke. A., 2010, *The Syntactic Licensing of Ellipsis*, Amsterdam / Philadelphia: John Benjamins.

Longacre, Roberte, 1983, *The Grammar of Discourse*, New York: Plenum Press.

Lyons, J., 1977, *Semantics*, Vols. 1&2, Cambridge: Cambridge University Press.

N. M. Rayeska, 1976, *Modern English Grammar.* Kiev: Vyšča Skola Publishers Kiev.

Sperb. D. & Deirdre Wilson, 2001, *Relevance: Communication and Cognition*, Beijing: Foreign Language Teaching and Reseach Press.

Zipf, G. K., 1965, *Human Behavior and the Principle of Least effort*, New York and London: Hafner.

外文期刊论文

Ariel. M., 1988, "Referring and Accessibility", *Journal of Linguistics*,

Vol. 24, No. 1.

Chung, Sandra, William A. Ladusaw & James McCloskey., 1995, "Sluicing and Logical Form", *Natural Language Semantics*, Vol. 3, No. 3.

Hopper. P. J. & S. A. Thompson, 1980, "Trasitivity in Grammar and Discourse", *Language*, Vol. 56, No. 2.

Keenan. e. L. & B. Comrie, "Noun Phase Accessibility and Universal Grammar", *Linguistic Inquiry*, Vol. 8, No. 1.

Reinhart. Tanya, 1984, "Principles of Gestalt Perception in the Temporal Organization of Narrative Texts", *Linguistics*, Vol. 22, No. 6.

外文析出文献

Cheng. Robert. L., 1983, "Focus Devices in Mandarin Chinese", In *Chinese Syntax and Semantics*, *Universe and Scope: Presuppusition and Quantification in Chinese*, Taipei: Student Book Co.

Grice, H. P., 1975, "Logic and Conversation", In *Syntax and Semantics* (*Vol.* 3: *Speech Acts*), New York: Academic Press.

Li & Thompson, 1979, "Third-person Pronoun and Zero-anaphora in Chinese Discourse", In *Syntax and Semantics* (*Vol.* 12: *Discourse and Syntax*), New York: Academic Press.

附录 非主谓句名称的由来、范围和理论地位

一 非主谓句名称的由来

在非主谓句这个术语提出之前，相关现象被冠于无主句、独词句、单部句之名。

汉语语法学肇始于马建忠的《马氏文通》，但由于马建忠是参考"西文已有之规矩"，所以他对句子的认识深受西文的影响，提出"凡有起词（按：指主语）语词（按：指谓语）而辞意已全者曰句"[1]。不过，他也意识到中西语言的差异，承认无主句的存在，指出"凡记人物之有无，唯有止词（按：指宾语）而无起词……"[2] "动字所以记行，行必有所自；所自者，起词也。然有见其行而莫识其所自，则谓之'无属动字'，言其动之无自发也，凡记变，概皆无属动字。"[3]

马建忠之后，不少学者都论及无主句，明确提出无主句这个概念并较为系统地论述的是王力。王力说："除了主语隐去的句子之外，还有一些无主句。在无主句里，主语非但不是显然可知的，而且恰恰相反，它是不可知的。"[4] 王力指出无主句的五种情况：

一、关于天时的事件（如"下雨了"）。

二、关于"有无"的肯定（如"有一只狗在院子里"）。

三、关于"是非"的肯定（如"是我杀了他"）。

四、关于真理的陈说（如"不登高山，不显平地"）。

---

[1] 马建忠，1983，《马氏文通》，商务印书馆，第490页。
[2] 马建忠，1983，《马氏文通》，商务印书馆，第229页。
[3] 马建忠，1983，《马氏文通》，商务印书馆，第241页。
[4] 王力，1954，《中国语法理论》（全二册），中华书局，第64页。

五、主事者无从根究，或无根究之必要（如"后面又画着几缕飞云，一湾逝水"）。①

郭中平（1957）详细分析了简略句、无主句和独词句，指出在性质上无主句是主语并非达意所需的"根本没有"主语的句子，参照"暂拟汉语教学语法系统"从表达内容上，将无主句分为以下几种类型：

1. 说明自然现象或者事实情况的。
2. 表示一般的要求或者禁止的。
3. 说明事物的存在、出现或者消失的。②
4. 一部分格言（包括谚语）。
5. 其他无主句。

值得注意的是，郭中平在讨论不同类型无主句时还进一步指出了无主句和省略句的区别，比如，针对第一类无主句，作者指出这类句子也可能加上主语，但是有添加主语的可能性并不等于"需要"主语。

按照张志公先生的说法，吕冀平先生的《汉语语法基础》是"迄今为止运用《暂拟系统》解释现代汉语普通话的语法现象最为详备的一部著作"③。该书指出，"汉语里有一些句子，它不需要主语就可以陈述一个完整的意思，使听的人得到相对的满足。"④ 该书将无主句分为五类：

1. 第一个谓语是"有"，后没引起兼语式。
2. 表示事物的存在、出现或消失的。
3. 表示自然现象的。
4. 号召性的、庆祝性的或禁止性的口号、标语。
5. 谚语或格言。

20世纪80年代后，无主句的概念在汉语语法研究中逐渐淡出。

马建忠曾提出"绝句"的概念，给出的例子是"来，予与尔言"中的"来"。马建忠的解释是："其起词即为与语者，当前即是，故无庸赘言也。"⑤ 由此可见，马建忠认为"来"是主语省略句。此看法为章士钊所承继。

---

① 也有学者将相关现象冠以其他名称，如高名凯曾称之为绝对句。
② 存现句早期视为无主句。
③ 吕冀平，1983，《汉语语法基础》，黑龙江人民出版社，第12页。
④ 吕冀平，1983，《汉语语法基础》，黑龙江人民出版社，第343页。
⑤ 马建忠，1983，《马氏文通》，商务印书馆，第10页。

就我们所掌握的材料看，最早明确提出独词句的是刘复。刘复（1939）将单字独立成句的句子叫作独字句，并将独字句分为四类：

1. 只有主词（按：指主语）而无表词（按：指谓语）（如"火！"）。
2. 只有表词而无主词（如"来！"）。
3. 不分主词表词，却能包括主词表词的意义（如"是。"）
4. 无所谓主词表词，却能表示喜怒哀乐种种情感（如"唉！"）。

刘复还将"噫嘻""天乎"之类称为"推广的独字句"。从刘复的分类看，他对独字句的认识是以主谓俱全的"正式的文句"为参照的，省略主语或谓语也可能形成独词句。

此后，金兆梓（1983）、高名凯（1948）等也曾论及。郭中平（1957）在"暂拟汉语教学语法系统"框架下对独词句进行了较为详细的探讨，指出在性质上独词句是以结构为标准分出来的一类句子，无所谓主语谓语。该书将独词句分为十类：①

1. 咏叹事物的属性的。（如"好香的干菜。"）
2. 表示事物的呈现的。（如"死人！"）
3. 说明故事发生的处所或者时间的。（如"秋天。"）
4. 称呼语。（如"四凤！"）
5. 应对语。（如"当然。"）
6. 感叹语。（如"哦！"）
7. 敬语。（如"不谢！"）
8. 用名词表示祈使的。（如"出入证！"）
9. 斥责语。（如"妈的！"）
10. 象声语。（如"砰！砰！"）

此外，该书还探讨了独词句和独立成分的分界、独词句和简略句的分界、叹词成句等问题。

吕冀平先生说："有时候，在一定的语言环境里，单独一个词也可以表达一个比较完整的意思……所以管它叫独词句。"② 他根据内容将独词句分为五类：

1. 表示有所祈使。（如"口令！"）

---

① 前七类是"暂拟系统"中提出的。
② 吕冀平，1983，《汉语语法基础》，黑龙江人民出版社，第347页。

2. 表示有所发现。(如"飞机!")

3. 对事物的属性有所咏叹。(如"一个多伟大的人物!")

4. 应对语。(如"是!")

5. 感叹语。(如"天哪!天哪!")

和无主句一样，20世纪80年代后，独词句的概念在汉语语法研究中逐渐式微。

从1954年开始酝酿，形成于1956年的"暂拟汉语教学语法系统"把单句分为双部句和单部句，把由谓语一部分或者不能断定为主语还是谓语的一部分构成的句子叫作单部句，单部句包括无主句和独词句。这种处理主要参考了高名凯的意见。高名凯说："有的语言有单部句存在，汉语就是其中之一，并有同别的语言的单部句不完全一样的特殊规律。"[①] 在单部句的概念之下，高名凯对无主句和独词句进行了探讨。他将无主句分为六类：

1. 叙述天气等自然现象。(如"下雨了。")

2. 叙述生活状况。(如"开饭了。")

3. 表示一般的命令或禁止。(如"随手关门。")

4. 表示存在或出现什么。(如"来了一个人。")

5. 格言或格言式的话。(如"要想生活，就得劳动。")

关于独词句，高名凯认为只有叹词性的独词句和名词性的独词句两类，形容词性的句子和动词性的句子不是独词句，而是省略了主语的省略句。高名凯的这些看法对后来的无主句、独词句研究有很大影响。

尽管在"暂拟系统"中确立了单部句的地位，但在汉语学界这个概念较少使用。[②]

非主谓句的概念在20世纪50年代就已提出。郭中平说："没有主语，而是完整的句子，这是与主谓句迥然不同的，所以无主句属于一般的主谓句以外的另一个类型。这个类型可以称为'非主谓句'。"[③] 独词句不具备主谓，郭中平也认为它属于非主谓句。不过，由于"暂拟系统"中并没

[①] 高名凯，1956，《汉语里的单部句》，载张志公主编《语法和语法教学——介绍"暂拟汉语教学语法系统"》，人民教育出版社，第312页。

[②] 刘叔新主编的《现代汉语》将单句分为双部句和单部句，与"暂拟系统"一致。离"暂拟系统"制定近半个世纪后还采纳这样的分类较少见。

[③] 郭中平，1957，《简略句、无主句、独词句》，新知识出版社，第3页。

有提及非主谓句,因而这一概念并未引起人们的关注。

"暂拟系统"提出后,人们发现"暂拟系统"在单句的分类上存在一些问题:双部句的两部是指主语和谓语,主语和谓语是相对而言的,没有主语就没有谓语,同样没有谓语就没有主语,因而单部句的说法是不科学的。同样的道理,无主句的说法也不科学,似乎暗示谓语可以独立于主语而存在。至于独词句还包括"好香的干菜"这样的偏正词组,也多少存在名不副实的问题。①

吕叔湘(1979)明确提出句子按结构可以分为主谓句和非主谓句,非主谓句又分为无主句、存现句、名词句。因为郭中平认为存现句属于无主句,所以吕叔湘实际上是延续了郭中平的提法。不过,由此非主谓句的概念开始为更多人所接受。

酝酿于1981年、正式形成于1984年的"中学教学语法系统提要"(以下简称"提要")在单句分类上对"暂拟系统"作了较大改变,取消了双部句、单部句、无主句、独词句等名目,将主谓句和非主谓句并列。"提要"指出:"有主谓短语构成的,称主谓句(我们‖唱歌);有单个的词或主谓短语以外的短语构成的,称为非主谓句(火!|走!|多美啊!|开门!|严禁烟火!)。"

自此,非主谓句的概念为汉语语法学界普遍接受,邢福义、黄伯荣和廖序东、胡裕树等主编的影响较大的现代汉语教材也都将非主谓句与主谓句并列。

二 非主谓句的范围

非主谓句的范围其实涉及两个问题:一是非主谓句是否包括省略句;二是如果不包括省略句,那么如何区分非主谓句和省略句。

在非主谓句的概念为汉语语法研究者普遍接受之前,学界对无主句和独词句的范围认识就不统一。如前文所述,多数学者主张区分无主句和省

---

① 郭中平对此的解释是:"独词句,如'好一朵美丽的玫瑰花!'之类,如果机械地看,称为独词句似乎有些牵强;但是从本质上看就不然,这是个偏正结构,偏的部分起的作用是修饰,重点还是在那个被修饰的单词,因而称为独词句是更能突出地表现它的性质的。"我们认为,独词句,从名称上看就是由单独一个词形成的句子,而非主要成分由单独的一个词构成的句子。因此,郭中平的解释并不能令人信服。

略主语的句子，认为二者是不同类型的单句，但也有些学者将二者混着谈。比如，吕叔湘（1953）指出，汉语句子常常没有主语。他分了三类：①

1. 可以有主语而省掉了的。（如"几时来的？"）
2. 有行为的主体，可是不容易也不必用主语来表现它的。（如"栽个跟头学个乖。"）
3. 根本不能有主语的。（如"只剩下十几个远道的同学没回家。"）

丁声树等在《现代汉语语法讲话》中提出没有主语的句子有四种情形：②

1. 实际环境不需要一定把主语说出来。（如"进来吧，请坐！"）
2. 主语鉴于上下文，不必重复。（如"于福的娘早死了，只有个爹。"）
3. 主语泛指，也就不必说出。（如"没有调查就没有发言权。"）
4. 日常用语，往往没有主语。（如"刮风了。"）

取代无主句等的非主谓句的情况也类似。"提要"在谈到省略时明确指出省略句不是非主谓句。③ 邢福义、黄伯荣和廖序东、胡裕树、熊金丰等多数学者认为省略句不是非主谓句。比如，胡裕树说："单句中不能分析出主语和谓语的句子叫做非主谓句。"④ 在介绍了非主谓句的类型后明确指出："非主谓句不同于省略句，省略句是由于语言环境（包括上下文）的帮助因而省略了某些成分。"⑤ 邢福义更是在界定上就明确作了限制："有的句子不包含主语和谓语两部分，也不是主谓句的省略形式，这样的句子是非主谓句。"⑥

赵元任、张中行、陈建民、张修仁等则不区分非主谓句和省略句。众所周知，赵元任（1979）系统地阐述了"零句说"，从他的界定和举例

---

① 吕叔湘，1953，《语法学习》，中国青年出版社，第16页。
② 丁声树等，1961，《现代汉语语法讲话》，商务印书馆，第18-19页。
③ 邵敬敏指出省略是一种语用现象，非主谓句是一种句法现象，因此它们不是非此即彼的关系，主谓句和非主谓句可能都是省略句。我们认同邵敬敏的看法。为准确起见，本文所说的省略句专指省略主语或谓语的句子。
④ 胡裕树主编，1995，《现代汉语》（重订本），上海教育出版社，第316页。
⑤ 胡裕树主编，1995，《现代汉语》（重订本），上海教育出版社，第316页。
⑥ 邢福义主编，1986，《现代汉语》，高等教育出版社，第290页。

看，零句是一切不能分析出主谓结构的句子。陈建民说："我们认为，依靠上下文或说话环境意思才能完整或完备的句子，里面肯定有不同程度的省略。其中，省略主语和谓语的句子都是非主谓句。"① 张中行的《非主谓句》实际上是郭中平的《简略句、无主句、独词句》的再版，不过原版和再版在非主谓句是否包括省略句的问题上有不同的认识，原版持否定态度，再版持肯定态度。

对于主张区分非主谓句和省略句的学者而言，一个绕不开的问题就是如何将二者区分开来。对此，不少学者发表过意见。比如，郭中平说："隐含而没有说出来，与没有而说不出来不同；前者是省略句，后者是无主句。""省略句的主语是需要的，确定的，无主句的主语是不需要的、不确定的。""有添加主语的'可能性'并不等于需要主语。"② 朱文献指出省略句多运用于复句中，依靠语境省略的部分如要补，可以确定地补出来，非主谓句不依赖语境，主语是泛指的，不确定的，甚至想补也补不出来。③

邵敬敏（1991）指出如何识别非主谓句与省略句（主要是省略主语的句子）一直是个难题。他总结了前人提出的两条鉴别标准：

省略句：1. 离开上下文或问答等语境，不能表达完整明确的意思；2. 前头可以补出确定的主语来。

非主谓句：1. 离开上下文或语境，仍能表达完整明确的意思；2. 前头补不出主语，或者主语是不确定的。

邵敬敏指出这两条标准真正实施起来很困难：就意义标准而言，"完整""明确"本身就模糊，难以把握；就形式标准而言，能不能补出主语，以及应该补出什么主语，也常引起争议，主观随意性太强。他提出，语用上的"省略"必须符合以下三个基本条件：

1. 这种言语现象是由上下文或语境条件制约而造成的。
2. 由于上下文或语境的提示，所省略的成分是确定的，必补的。
3. 补出省略成分后，句子意义不变。

那么，该鉴别标准的实施效果如何呢？我们还是以邵文所举的三个例子为例来观察：

---

① 陈建民，1990，《非主谓句》，人民教育出版社，第4页。
② 郭中平，1957，《简略句、无主句、独词句》，新知识出版社，第5、26、28页。
③ 朱文献，1984，《怎样区别简略句和非主谓句》，《语文教学与研究》第2期。

(1) 前进！（班长向战士发出口令）
(2) 十一点了！
(3) 忽然传来一阵欢呼声。

邵敬敏认为，例（1）之所以是省略句，是因为提供了语境，如果没有后面的语境，那么前头是否一定有主语，而且主语到底是"你""你们""我们"还是"同志们"都会引起争论。例（2）、例（3）如果也提供一定的语境，分别变成下面的例（2′）、例（3′），那么它们就不再是非主谓句，而是省略句了。

(2′)（现在就走吧，）十一点了！
(3′)（外面刚才还静悄悄的，）忽然传来一阵欢呼声。

邵敬敏得出的结论是：对上述三例的分析必须在同一条件下进行，即如果不顾及语境，它们都应属于非主谓句，如果结合具体语境，则可能是省略句，也可能是完整句，这要视什么语境而定。①

我们觉得，邵文的分析也存在一些问题：

1. 邵敬敏认为，例（1）如果没有语境，那么是非主谓句，因为主语不能确定；如果考虑后面的语境，那么是省略句。可是，即使考虑后面的语境，主语就能确定吗？在后面的语境下，下面的话应该都可以成立：

(1a) 二班前进！（假定所在班为二班）
(1b) 全体前进！
(1c) 同志们前进！
(1d) 你们前进！

可见，补出的成分的确定是意义上的确定，还是形式上的确定，需要进一步明确。如果是形式上的确定，那么像例（1）这样即使给出语境也是省略句。如果是意义上的确定，那么不论例（1）有没有语境，它都是省略句。

---

① 邵敬敏，1991，《"省略句"与"非主谓句"新说》，《语文学习》第7期。

2. 邵敬敏认为，例（2）是非主谓句，例（2'）是省略句，理由似乎是例（2'）的前头可以认为是承前省略了"现在"，那么例（2）的前头难道就不可以认为省略了"现在"吗？

3. 邵敬敏认为例（3）是非主谓句，那么"吃饭"是否非主谓句，因为不考虑语境，谁也不知道"吃"的施事是谁。

4. 按照邵敬敏的看法，例（2）、例（3）是否非主谓句要视语境而定。如此，则一来我们在探讨一些非主谓句时必须结合语境来谈，二来我们就不得不承认非主谓句实际上包括两种不同的情况：一种是绝对的非主谓句（如叹词非主谓句），另一种是相对的非主谓句，要视语境而定。

由此观之，邵敬敏提出的鉴别标准并不能有效地将非主谓句与省略句区分开来。缺乏有效的鉴别标准，直接影响到非主谓句的范围。比如，"提要"在谈及省略时明确指出省略主语或谓语的句子不是非主谓句，可是在界定非主谓句时给出的例子却有"走！""开门！"这样的句子。"走！""开门！"这类祈使句在具体语境中施事是确定的，许多学者认为是省略句。

三　非主谓句的理论地位

如前所述，学界对于非主谓句有广义和狭义两种理解：广义的非主谓句包括省略句，狭义的非主谓句不包括省略句。

如果对非主谓句持广义的理解，那么非主谓句的使用频率是很高的，特别是在口语中。对比，不少学者发表过类似看法。赵元任明确指出："整句只是在连续的有意经营的话语中才是主要的句型。在日常生活中，零句占优势。"[1] 张志公也指出："在实际的交际活动中，无论在书面上或者口头上，特别是在口头上，由单个儿的词或者其他词组构成的句子，使用频率是很高的，至少不低于由主谓词组构成的句子。"[2] 此后，朱德熙、陈建民等均有类似认识。

除了使用频率，张中行还从句子的性质和语言的历史两方面进一步作了说明："语言通常是一连串依照约定俗成的习惯、能达意的声音，可长

---

[1] 赵元任，1979，《汉语口语语法》，商务印书馆，第51页。
[2] 张志公主编，1982，《现代汉语》（试用本），人民教育出版社，第22页。

可短，要求只是说者和听者间能够达到传和受的目的。""推想初民的语言，这类难于辨别主谓的句子一定很多。可见与主谓句相比，非主谓句的资格更老。"①

我们认同上述各位前辈的观点，将广义的非主谓句与主谓句并列是合适的，只是在广义非主谓句的分类上还需要进一步研究，已有的对广义非主谓句的分类很不一致：张中行（1984）分为省略句、无主句、单词句三类，陈建民（1990）分为动词非主谓句、形容词非主谓句、名词非主谓句、其他非主谓句四类，赵元任（1979）提出的零句类型达十多类。

目前，学界多数学者对非主谓句持狭义理解，但对狭义非主谓句的类型同样有不同认识。胡裕树在其主编的《现代汉语》中先说非主谓句有名词性的和非名词性的，在举例说明时又分为三类：名词性的（四例）、动词性的（三例）、形容词性的（两例），最后又指出叹词和象声词也可以构成非主谓句。非主谓句到底分为几类很不好回答。张斌在其主编的《现代汉语》中先是将非主谓句分为三类：名词性非主谓句、动词性非主谓句、形容词性非主谓句，和胡裕树的做法类似，后面也是指出叹词和拟声词也可以构成非主谓句。与前面两位学者的模糊处理不同，黄伯荣、廖序东（1991）明确将非主谓句分为动词性非主谓句、形容词性非主谓句、名词性非主谓句、叹词句四类。后来，黄伯荣、廖序东在增订三版中在上述四类的基础上又增加了拟声词句，将非主谓句分为了五类。

即使按最多的五种类型来看，不论是在书面上还是口头上，非主谓句的使用频率较之主谓句也要低得多，在理论地位上是否应将其与主谓句并列就成了问题。

狭义的非主谓句在不同语言中其实较为常见。汉语的五种类型英语中均存在。如：

(4) Help!（救命!）
(5) Good!（好!）
(6) Less noise there.（那儿声音小一些了。）
(7) Ok, let's go.（好，咱们走。）
(8) Cuckoo, jugjug, puwe, towittawoo.（咕咕，啾啾，噗喂，

---

① 张中行，1984，《非主谓句》，上海教育出版社，第4页。

托喂嗒呜)

例(4)是动词性非主谓句。例(5)是形容词性非主谓句。例(6)是名词性非主谓句。例(7)是叹词句。例(8)是拟声词句。[①] 其实,除了汉语的上述类型,英语中还有特殊的情况。如:[②]

(9) By golly! (天哪!)
(10) You said that he is popular with the girls. And how! (你说姑娘们很喜欢他。可不是!)
(11) What about…? (……怎么样?)
(12) Down with…! (打到……!)

例(9)是个介宾结构的非主谓句。例(10)中的非主谓句是个"连词+副词"结构。例(11)中是个"代词+介宾结构"的非主谓句。例(12)是个"副词+介宾结构"的非主谓句。

尽管如此,在理论地位上,英语学界并未将主谓句与非主谓句并列。狭义的汉语非主谓句不论在类型上还是使用频率上未必比英语更为显赫,因而在理论地位上汉语的主谓句与狭义非主谓句也不宜一视同仁。[③]

[①] 该例选自英国著名诗人 Thomas Nashe 赞美春天的诗歌,四个拟声词分别模拟杜鹃、夜莺、田凫、猫头鹰的叫声,其中只有 Cuckoo 和 jugjug 是有案可稽的,后两个是作者临时创造的。

[②] 下面的例子和上面的例(4)、例(6)转引自黄关福(1983)。

[③] 汉语学界似乎有这样一个看法:非主谓句的大量使用是汉语的一个特点。朱德熙(1987)的看法较有代表性:"完整的句子不一定都是主谓构造可以说是汉语语法的一大特点。""印欧语里句子必须有主语是结构上的要求,即使实际上无所指,形式上也还得有一个主语,如:It's raining 里的 it。汉语不受这种限制。在汉语里,没有主语的句子跟有主语的句子同样是独立而完备的。"其实,与英语相比,汉语广义非主谓句的确比英语更显赫,但狭义非主谓句未必比英语更显赫。如果与同为印欧语系的俄语相比,则不论广义还是狭义,汉语非主谓句都未必比俄语更显赫,甚至俄语的无主句比汉语的无主句更为更显赫。对此,张会森(2001)作了专门探讨,可参考。